Luis Raffeiner

Wir waren keine Menschen mehr

Memoria_Erinnerungen an das 20. Jahrhundert

Luis Raffeiner

Wir waren keine Menschen mehr

Erinnerungen eines Wehrmachtssoldaten an die Ostfront

Aufgezeichnet von Luise Ruatti
Bearbeitet von Thomas Hanifle
Mit einem Nachwort von Hannes Heer

RÆTIA

Sämtliche Bilder stammen aus dem Fotobestand von Luis Raffeiner,
außer jene auf S. 31 und S. 141 unten (Alberta Grüner, Karthaus)
sowie S. 32 oben (Archiv Grafik Grüner, Karthaus).

© Edition Raetia, 7. Auflage, Bozen 2026

Redaktion: Thomas Hanifle
Grafisches Konzept: Dall'O & Freunde
Druckvorstufe: Typoplus
Printed in Europe

ISBN 978-88-7283-372-8
ISBN E-Book 978-88-7283-476-3

Unseren Gesamtkatalog finden Sie unter www.raetia.com.
Bei Fragen und Anregungen wenden Sie sich bitte an info@raetia.com

Vom Krieg erzählen

Ein makaberes Schauspiel: Zwei russische Männer und eine Frau baumeln am Galgen auf dem Hauptplatz des russischen Ortes Maloarchangelsk. Um den Hals haben ihnen Männer der deutschen Wehrmacht ein Schild gehängt, auf dem in Russisch steht: „So enden Partisanen". So geschehen im März 1942, mit der Kamera festgehalten von Luis Raffeiner. Das Fotografieren solcher Szenen war zwar vom NS-Regime streng untersagt worden, dennoch fühlten sich viele der deutschen Fotografen in Uniform von den Gräueltaten in diesem Vernichtungskrieg gegen Russland wie magisch angezogen. Streng kontrolliert dürften die Soldaten dabei ohnehin nicht geworden sein. Das legen auch Fotoausstellungen in Deutschland der jüngsten Vergangenheit nahe, die auf ebensolche Knipserfotos von ehemaligen Soldaten zurückgreifen, die bis vor Kurzem auf Dachböden oder in Rumpelkammern verstaubten.

Luis Raffeiner hatte jedenfalls keine Probleme, die Filmrollen und die mit Kameraden getauschten oder von Offizieren erhaltenen Fotos sicher nach Hause zu schaffen. Wie einen Schatz hat er das Fotomaterial und andere Andenken von Option und Krieg in einer kleinen Schachtel durch die Jahrzehnte hindurch gehütet. Die Fotografien unterscheiden sich nicht von dem, was man aus derartigen Alben kennt. Als Motiv überwiegt der „touristische" Blick auf den Krieg: Es sind Schnappschüsse von Kameraden, Landschaften, der russischen Zivilbevölkerung oder Baumonumenten in den besetzten Gebieten, die den Krieg als ungefährlichen Ausflug erscheinen lassen und deshalb vom NS-Regime explizit gutgeheißen wurden. Sie sollten die Verbindung zwischen Heimat und Front herstellen und so entscheidend die Moral stärken, so das Kalkül der NS-Propaganda. Bilder von Verbrechen fehlen zum großen Teil in der Sammlung von Raffeiner. Auch jene Aufnahme der Gehängten von Maloarchangelsk, von denen Raffeiner sicher ist, sie fotografiert zu haben. Was war passiert? Einige Filmrollen hatte Luis Raffeiner bereits während des Krieges entwickeln lassen: Meist hatte er Kameraden damit beauftragt, die in deutschen Städten gerade auf Heimaturlaub waren. Rund zwölf Filmrollen jedoch, Raffeiner rechnet mit über 200 Fotos, hatte er nach dem Krieg seinem Cousin anvertraut, von dem er auch die Fotokamera und den Auftrag erhalten hatte, Eindrücke vom Krieg festzuhalten. Zurückbekommen hat er nur einen Teil davon, und das erst nach dem Tod des überzeugten Nazis. „Das sind aber nur mehr die harmlosen Fotos", ist Raffeiner überzeugt, der davon ausgeht, dass sein Cousin die restlichen Fotos vernichtet hat.

Die Erinnerungen an das Erlebte konnte er ihm damit nicht nehmen, diese haben sich unauslöschlich in sein Gedächtnis gebrannt. Immer wieder erzählte er davon nach der Kriegsheimkehr seiner Familie und episodenhaft auch Bekannten und Freunden. Zumindest jene Teile, von denen er anderen Menschen berichten wollte und konnte. Noch heute flüchtet er sich beim Erzählen in ein „Das könnt ihr euch nicht vorstellen", wenn er Bilder vor Augen hat und diese nicht in Worte fassen kann. Oder er fällt beim Erzählen in die Rolle des nicht unmittelbar beteiligten Beobachters. Aus Hinweisen und Andeutungen erahnt man aber, wie nah Raffeiner auch am brutalen Kriegsgeschehen drangewesen sein muss, auch wenn ihn nach fast 70 Jahren sein Erinnerungsvermögen manchmal im Stich lässt. Mit dem Erzählen vom Krieg versucht Luis Raffeiner bis heute, die traumatischen Erlebnisse zu verarbeiten. Gerade in der Nachkriegszeit wollte davon aber kaum jemand hören: Alle waren froh, dass der Krieg aus war. Raffeiner konzentrierte sich auf sein neues Leben.

Jahrzehnte später folgten zwei Schlüsselerlebnisse: 1989 besuchte Raffeiner in Bozen die Optionsausstellung, die selbstkritisch und erstmals im offiziellen Rahmen die Südtiroler Option von 1939,

entweder im italienischen Südtirol zu bleiben oder ins Deutsche Reich auszuwandern, hinterfragte. Dabei wurde auch auf den „hausgemachten" Südtiroler Nationalsozialismus und auf die unrühmliche Rolle vieler Deutschland-Optanten, etwa die Schikanen und Hetze gegen die Dableiber, eingegangen. Raffeiner fand seine Geschichte in der Ausstellung nicht wieder, seine damaligen Motive für die Option für Deutschland zu wenig thematisiert. Als er Jahre später von der Absicht erfuhr, die Erinnerungen des Dableibers Franz Thaler in einer Oper zu verarbeiten, stieß das auf sein Unverständnis. Thaler hatte sich durch die Flucht in die Berge dem Kriegseinsatz für Hitler-Deutschland entzogen, war dann verhaftet und schließlich ins KZ von Dachau deportiert worden. Bis in die 1980er-Jahre galten die wenigen Südtiroler, die Nein zum NS-Staat sagten, in der öffentlichen Meinung als Drückeberger. Erst nach Erscheinen der Erinnerungen Thalers in Buchform und der öffentlich geführten Diskussion darüber widerfuhr dem Kriegsverweigerer eine moralische Rehabilitierung, ja er wurde zur Symbolfigur des Widerstandes. Raffeiner fühlte sich wiederum vergessen. Thalers Leidensweg und vor allem die Aufmerksamkeit, die ihm zuteil wurde, rückten sein eigenes Schicksal noch weiter in den Hintergrund. Er las Thalers Lebensgeschichte als sein Gegenstück: hier Dableiber, dort Optant, hier Deserteur, dort Kriegsteilnehmer, hier Antifaschist, dort Nazi, hier Held – und was war er? Im Krieg und dann vor allem in der Gefangenschaft hatte er auch viel mitgemacht. Und mit Hitler hatte er doch nie etwas am Hut gehabt. Sein Leidensweg sollte in der Geschichte auch seinen Platz haben, so das Ansinnen von Raffeiner.
In dieser Zeit breitete er seine Lebensgeschichte der jungen Naturnserin Luise Ruatti aus, die beiden kannten sich vom gemeinsamen Engagement beim örtlichen Theaterverein. Ruatti war beeindruckt. Vor allem wurde ihr bewusst, wie wenig sie und viele ihrer Generation von diesem Teil der (Südtiroler) Geschichte wussten.

So kam sie vor knapp 15 Jahren auf die Idee, Raffeiners Leben für die Nachwelt aufzuzeichnen. Zwei Tage lang verschanzten sich beide in dem engen, dunklen Raum des lokalen Pfarrsenders „Sankt-Zeno-Funk": Raffeiner erzählte, Ruatti zeichnete auf Tonband auf und brachte nach und nach seine Lebenserinnerungen zu Papier, aus denen nun in überarbeiteter Form das vorliegende Buch entstanden ist. Das Resultat: ein wichtiges Dokument für die Zeitgeschichte, das Nachahmer verdient, zumal die Kriegsgeneration langsam ausstirbt. In jedem Dorf leben Zeitzeugen, die noch viel zu erzählen haben – und auf deren Dachböden sich vielleicht Bilddokumente befinden, die ihre ganz eigene Geschichte erzählen.

Für das vorliegende Buchprojekt konnte zudem der Hamburger Historiker Hannes Heer gewonnen werden, der als Leiter der Ausstellung „Vernichtungskrieg: Verbrechen der Wehrmacht 1941 bis 1944" in Deutschland 1995 für Aufsehen gesorgt hatte. Nach der Lektüre des Manuskripts hatte sich Heer bereit erklärt, eine historische Einordnung dieser Lebenserinnerungen vorzunehmen – nicht aber ohne vorher mit dem Protagonisten selbst gesprochen zu haben. Zwei Tage lang saß er mit dem mittlerweile 93-jährigen Raffeiner zusammen, rekonstruierte mit ihm die Einsatzroute seiner Einheit, hinterfragte Unstimmigkeiten und konfrontierte ihn mit Schreckensbildern dieses unmenschlichen Krieges. Sein Fazit: Raffeiner war kein Heiliger, weil ihn dieser Vernichtungskrieg gleichzeitig zu Opfer und Täter werden ließen. „Aber trotz allem ist er anständig geblieben und er hat nach dem Krieg den Mut gehabt, von den Verbrechen Zeugnis abzulegen, die er gesehen hat", so Heer zu einem von Raffeiners Söhnen im Anschluss an das Treffen. Seinen Platz in der Geschichte hat Luis Raffeiner damit gefunden.

Thomas Hanifle
Naturns, Juni 2010

Klosterzelle Nummer 10

Geboren bin ich in der Klosterzelle Nummer 10 in Karthaus im Schnalstal, einem Seitental des Vinschgaus. In einer Klosterzelle deshalb, weil das Dorf innerhalb der Mauern des Kartäuserklosters Allerengelberg entstanden war. Vier Jahrhunderte lang, bis Ende des 18. Jahrhunderts, hatten hier in zwölf Zellenhäusern die frommen Kartäusermönche gelebt. Karthaus wird deshalb noch heute im Volksmund als „Kloster" bezeichnet.

Mein Vater hieß Josef Raffeiner und war ein Sohn vom Oberleithof aus Vernagt bei Unser Frau im hinteren Schnalstal. Von einem Vetter erbte er besagte „Paterzelle" in Karthaus und die am Bach unterhalb des Dorfes befindliche kleine Klostermühle. Somit wurde er zum neuen „Klostermüller" und durfte sich glücklich schätzen, denn wer nichts besaß, dem blieb nichts anderes übrig, als Tagelöhnerdienste zu verrichten. Außerdem durfte man vonseiten der Kirche nicht heiraten, wenn man nicht eine Familie ernähren konnte. Vater übernahm also Häuschen und Mühle und fragte Aloisia Kofler vom Mühlhof in Katharinaberg, ob sie seine Frau werden wollte. Am 1. April 1912 fand daraufhin in Karthaus die Hochzeit statt.

In der Folge schenkte meine Mutter insgesamt sechs Kindern das Leben: Josef im Jahr 1913, Anton kam im Jahr darauf zur Welt. 1915 wurde Maria geboren. Der 23. Juli 1917 war jener Tag, an dem ich das Licht der Welt erblickte. Im Sommer 1919, dem Jahr der offiziellen Angliederung Südtirols an Italien, bekam unsere Mutter schließlich die Zwillinge Luise und Peter. Besonders hell leuchtete aber unser aller Licht nicht. Damit meine ich nicht die Tatsache, dass es keine Elektrizität, sondern nur Petroleumlampen gab, in unserem Falle die besonders sparsamen Salzburgerlampen. Es herrschte „Minimalismus" in jeder Hinsicht, beim Essen, bei der Bekleidung und erst recht beim Geld. Da half es auch nichts, dass mein Vater nicht in den Ersten Weltkrieg ziehen musste, weil er als einziger Müller für das Dorf unentbehrlich war. Unsere kleine Mühle brachte leider nicht viel ein. Es reichte für die achtköpfige Familie kaum zum Leben. Die Leute ließen ihr Getreide mahlen, und oft wurde die Arbeit nur mit einem Vergelt's Gott abgetan, weil sie selbst wenig besaßen.

In Karthaus gab es nur einen Großbauern, den Sennhofer, der selbst Getreide anbaute. Sein Hof steht majestätisch oberhalb des Dorfes mit einer Aussicht weit ins Tal hinein. Mit Kühen wurde früher sein Getreideacker umgefahren. Der Randstreifen des Ackers diente den Kühen zum Wenden. Diesen Streifen, die sogenannte „Onawond", bekam mein Vater zum Mähen in Pacht. Als Gegenleistung musste er Sennhofers Getreide mahlen. Mehr oder weniger lebten die Leute von solchen Tauschgeschäften.

Weil meine Eltern nicht einmal so viel Grund besaßen, dass das Futter für eine Kuh reichte, mussten sie das Heu teils weit her mit der Kraxe auf dem Rücken nach Hause tragen. Sogar vom Vorderkaser, einem Hof im seitlich gelegenen Pfossental, holten sie das Futter. Der gesamte Aufwand, um ein paar wenige Haustiere zu versorgen, war enorm.

Meine Eltern besaßen eine Kuh, zwei Ziegen, wenige Hühner, ein Schwein und außer dem Garten hinter dem Haus, der schon den Mönchen gedient hatte, noch ein ganz kleines, buckliges Grundstück am Waldsaum oberhalb des Sennhofes. Dort oben auf steilem Gelände weideten unsere beiden Ziegen. Untergebracht waren unsere Tiere dagegen in einem Stall am Dorfplatz. Der dazugehörige Misthaufen war zwar keine Zierde für den Dorfplatz und störte wohl den einen oder anderen, aber er war nicht der einzige.

Den Mist verwendeten wir als Dünger für Wiese und Garten: Meine Mutter pflanzte dort vorwiegend Saubohnen, Kohl und Kartoffeln an. Da Karthaus auf über 1.300 Metern liegt, wuchs nicht viel.

Und Gemüse wie Tomaten kannte man damals noch gar nicht. Die Kohlpflanzen holte meine Mutter von Platthüttl, einem Hof, der zwischen Karthaus und Neuratheis liegt. Damals wuchs dieses Gemüse viel höher als heute und hatte nur einen sehr kleinen Kopf. Jede Familie besaß ein Krautfass, in dem man Kohl sowie Rüben als Sauerkraut für den Winter einlagerte. Zum armseligen Inventar eines jeden Haushalts gehörte außerdem eine „Stinkölbundel", eine Art Behälter, in dem man sich im einzigen Laden im Dorf das Petroleum für die Lampe abfüllen ließ.

Das Brot wurde beim Bäcker gekauft, denn nur die Bauern hatten einen eigenen Ofen zum Selberbacken. Das Getreide, also Gerste, Hafer und Roggen, verwertete meine Mutter zu Suppen oder auch Mus, einem nahrhaften Brei aus Milch und Mehl. Zu den Mahlzeiten morgens und abends gab es abwechselnd Mus oder eine recht dünne Brennsuppe: Weil sie so dünn war, nannten wir sie „Wosserschnoll". Mittags gab es entweder Kartoffeln, Polenta, Knödel oder Gerstsuppe. Gegessen wurde üblicherweise aus einer Pfanne, die in die Mitte des Tisches gestellt wurde und aus der jeder nach einem Gebet herauslöffelte.

Kurz vor Weihnachten wurde das Schwein geschlachtet. Der Hauptanteil davon wurde „geselcht", also geräuchert, und auf diese Weise haltbar gemacht. Den Winter hindurch gab es dann meistens Kraut und etwas Fleisch, nur zu Weihnachten sogar in Schweinefett gebackene, mit Kastanien gefüllte Krapfen. Leider waren die Portionen für die ganze Familie immer viel zu spärlich. Im Juli oder August war es dann aus mit dem letzten Speck, und wir mussten uns auf das nächste Weihnachten vertrösten.

Meine Mutter hatte es wie alle anderen Frauen damals nicht leicht. Sechs Kinder aufziehen, den Garten pflegen, die Tiere versorgen und von Hand die schmutzige Kleidung waschen. Die wenige Kleidung, die man damals besaß, musste dann auch noch ständig geflickt werden, damit sie die jüngeren Geschwister weiterverwenden konnten. Nur sonntags durfte nicht geflickt werden. Ein Spruch für Frauen und Mädchen lautete nämlich: „Sonntagsstiche brennen dich!" Damit war das Feuer in der Hölle gemeint. Der Sonntag hatte große Bedeutung, galt als heilig, und die Kirche hatte allgemein großen Einfluss auf das Leben der Menschen. Nach jeder Geburt musste meine Mutter in die Kirche zur Aussegnung, da Frauen durch die Geburt als unrein galten. Bereits vor der Kirchentür begann der Priester mit dem aufwendigen Ritual, das der Frau wieder zu ihrem Reinheitsstatus verhalf.

Am Sonntag trafen sich die Männer nach der Messe im Wirtshaus. Davon gab es zwei im Dorf: den Rosenwirt und den Kreuzwirt. Mein Vater war kein großer Gasthausgeher und machte sich auch nicht viel aus Politik, über die dort gern gepoltert wurde. Er hielt sich häufig auch dann noch mit seinen Meinungen zurück, als sich der italienische Faschismus mit all seinen Folgen nach und nach im Tal und auch in Karthaus einnistete. Er ging den vorgeschriebenen Sonntagspflichten nach, und werktags arbeitete er in der Mühle. Als 1923 neben unserer Mühle ein kleines Elektrizitätswerk für die Stromversorgung des Dorfes gebaut wurde, übernahm mein Vater dessen Betreuung. Er war froh über den wenn auch geringen Zuerwerb. Seine Erziehungsmethode war wie jene meiner Mutter schlicht und effizient: „Wer nicht pariert, kriegt nichts zu essen!" Das half meistens.

Natürlich hatten wir Kinder auch unsere Pflichten. Neben der Fütterung der Hühner waren wir für das Kleinholz zuständig. Das war eine mühsame Arbeit: Immer wieder mussten wir in den Wald hinauf, der Weg war weit und steil. Das wenige Holz, das man heimtrug, war schnell wieder verbraucht. Ab und zu nahmen wir auch „Haislstreib" mit. Diese abgefallenen Nadeln der Waldbäume benötigte man als Streu für das Plumpsklo.

Zum Spielen trafen wir Kinder uns vor allem auf dem Dorfplatz. Fangen und Versteckspiele, Neckereien, aber auch Raufereien, waren dann angesagt. Am liebsten war ich mit Bernhard Grüner zusammen, manchmal spielte auch seine Schwester Marianne mit. Dass diese Freundschaft zu Bernhard einmal tragisch enden würde, konnte ich als Kind nicht ahnen.

Ein Brand und seine Folgen

Am 21. November 1924 kam es in Karthaus zu einer verheerenden Katastrophe. Es war so gegen 22.30 Uhr, ich lag schon in tiefem Schlummer auf meinem Strohsack, als ich mit den Worten „Auf, auf, es brennt!" aus meinen Träumen gerissen wurde. Ich begriff überhaupt nicht, was los war. Schlaftrunken taumelte ich aus dem Bett. Meine Schwester Maria half mir in meine Kleidung. Hektische Anweisungen wurden hin und her gerufen, treppauf, treppab eilig die allernotwendigsten Sachen zusammengerafft. Ich stand da, wurde beiseitegeschubst, weil ich im Weg stand. Plötzlich drückte Maria auch mir etwas unter den Arm, und schon wurde ich mit meinen anderen Geschwistern zur Tür hinausgescheucht. Draußen hörte ich aufgeregte Stimmen, Gebrüll von Tieren, Laufschritte auf den Steinen des Klosterganges und Hundegebell. Laternenlichter schwirrten umher, es herrschte ein wirres Durcheinander. Zum Schauen blieb keine Zeit. Inzwischen hatte auch ich begriffen, was los war. Zusammen mit den anderen Kindern wurde ich außerhalb der Klostermauer gebracht. Vater hatte uns unterhalb des Dorfes, wo die Mauer am höchsten war, einen Platz angewiesen. Nachdem er die Kuh aus dem Stall geholt hatte, eilte er zurück, um das Schwein zu retten. Als er beim Stall ankam, hatten die Dachbalken bereits Feuer gefangen, so erzählte er uns später. Ein italienischer Finanzbeamter wollte ihn daran hindern, das Schwein zu holen. Mein Vater schubste den Mann aber unsanft beiseite und rettete unser Schwein aus dem brennenden Verschlag.

Ich wartete mit der Mutter und den Geschwistern inzwischen unterhalb des Dorfes. Die hohe Mauer, die uns schützte, versperrte uns zugleich den Blick auf das Geschehen. Man sah nur den Schein des Feuers, der die Nacht erleuchtete. Stimmenfetzen, Prasseln und Knacken trug der Wind zu uns herunter, Funken schwebten ins Tal, und Brandgeruch schwängerte die Luft. Plötzlich schoss es mir in den Kopf und ließ mir keine Ruhe: Ich musste unbedingt wissen, ob unser Haus auch brannte. Während Mutter mit den kleineren Geschwistern beschäftigt war, eilte ich unterhalb der Mauer entlang, bis ich zu der Stelle kam, wo die Mauer unterbrochen war. Von hier aus sah ich die Flammen, die aus den Häusern loderten. Und tatsächlich: Unser Haus brannte. Ich atmete auf. „Gott sei Dank, es brannte!" Es gab da nämlich eine Sache, die seit geraumer Zeit schwer auf mein Kindergemüt drückte. Vater besaß nämlich eine silberne Taschenuhr, ein schönes Erbstück, das er nur zu ganz besonderen Anlässen trug. Sie musste ihm sehr wertvoll gewesen sein, denn er hatte uns unter strengster Strafandrohung verboten, diese Uhr anzufassen. Ich war aber ein wissbegieriger Lausbub, und meine Neugier war einfach stärker als die Vernunft. An einem günstigen Tag unterzog ich die Uhr mit meinem Taschenmesser einer gründlichen Inspektion. Mit der Spitze der kleinen Klinge schraubte ich die winzigen Schräubchen heraus. Die Zahnräder waren so dünn und filigran: Dieses technische Wunderwerk faszinierte mich. So zerlegte ich die ganze Uhr mit der Absicht, sie wieder ordnungsgemäß zusammenzusetzen. Leider war mein ehrliches Bemühen nicht von Erfolg gekrönt. Meine Ohren glühten, als ich nach vergeblicher Anstrengung das demontierte Corpus Delicti in die Schatulle meines Vaters zurücklegte. Seit dieser Stunde quälte mich mein Gewissen und noch mehr die Angst vor der Strafe. Deshalb war ich sehr erleichtert, als ich die Flammen sah, denn sie tilgten die Spuren meiner Tat. Das war meine persönliche, kindliche Perspektive dieses dramatischen Ereignisses. Der eigentlichen Tragweite der Flammen war ich mir nicht bewusst. Noch nicht.

Zurück bei meiner Familie verbrachten wir die Nacht an Ort und Stelle im Freien. Es waren die letzten Stunden des gemeinsamen Zusammenseins. Der Brand hatte in dieser Nacht eine verheerende

Katastrophe angerichtet: Das ganze Dorf brannte bis auf wenige Häuser ab, auch die Kirche wurde ein Raub der Flammen. Viele Tiere konnten nicht gerettet werden und kamen erbärmlich in der Feuerhölle um. Zwei ältere Menschen fanden im Feuer den Tod, ein weiterer starb einige Tage später an den Folgen des Brandes. Bis heute konnte die Ursache des Feuers nicht restlos geklärt werden. Obdachlos und der wenigen Habseligkeiten beraubt, waren viele Familien der Verzweiflung nahe. Viele hatten Verwandte, die fürs Erste eine Unterkunft anboten, aber dennoch wurden die meisten Familien zerrissen.

In unserem Falle kamen die beiden jüngsten Geschwister Luise und Peter gemeinsam mit den Eltern armselig in der kleinen Mühle unterhalb des Dorfes unter. In der Mühle gab es nur einen kleinen abgeschlossenen Raum, das „Mühlstübele". In diesem sauber getäfelten Raum schlief meine Mutter mit den Zwillingen. Die Milchzentrifuge passte gerade noch zwischen Schlafplatz und Wand hinein. Vater machte sich beim Treppenaufgang einen Verschlag, in dem er schlafen konnte. In unser Haus kehrten wir leider nie wieder zurück, da unserer Familie zur Sanierung die Mittel fehlten. Nach dem Brand richtete mein Vater den Stall wieder her, und die Mutter ging 17 Jahre lang dreimal am Tag ins Dorf hinauf, um die Tiere zu versorgen.

Wir anderen Kinder bekamen bei verschiedenen Bauern im Tal ein Obdach. Josef, der Älteste, kam auf Gorf, Anton auf Oberörl bei der Familie Spechtenhauser unter. Maria wurde im Elternhaus meiner Mutter, beim Mühlnhof in Katharinaberg, aufgenommen. Mich brachte meine Mutter am Tag nach der Katastrophe auch im benachbarten Dorf Katharinaberg unter, auf dem Mittereggerhof. Ich war sieben Jahre alt und erinnere mich noch gut daran, wie sie mich dorthin brachte und kurz darauf ohne Abschied verschwand. Nun begann eine schlimme Zeit für mich: Die Bauersleute taten mir nichts zuleide, doch lebte ein Knecht auf dem Hof, der mir das

Leben zur Hölle machte. Gleich zu Beginn gab er mir unmissverständlich zu verstehen, dass ich ihm zu „folgen", also zu gehorchen hatte. Ich war vollkommen eingeschüchtert, und seine Überlegenheit bekam mein hagerer Körper nur allzu oft zu spüren. Ich musste mit ihm täglich in den Stall gehen und die Schafe versorgen. Dort packte er mich und schmiss mich wie ein Tier von einer Schafskrippe in die andere. Außerdem hatte er bemerkt, dass mir leicht schwindelte. Nun musste ich am Sonntag mit ihm zur Messe gehen, und der Kirchweg von Mitteregg nach Katharinaberg führte ausgerechnet über eine besonders schmale, für mein Verständnis sehr hohe, wackelige Brücke. In der Mitte der Brücke packte er mich und hielt mich übers Brückengeländer. Wie mir dabei zumute war, lässt sich kaum beschreiben. Zum Glück hielt ich die Augen geschlossen.

Jeder Tag war ein Albtraum: Wann immer ihm danach war, packte er mich, stieß mich herum oder schlug mich. Und immer wieder bekam ich die Androhung zu hören: „Wehe, wenn du jemandem davon erzählst, dann geht es dir noch schlechter!"

Wie gerne hätte ich meiner Schwester mein Leid anvertraut. Sie war beim Bauern unterhalb des Mittereggers, beim Mühlnhof, untergebracht. Wenn ich sie auf dem Schulweg sah, fing ich oft zu weinen an. Ich ging ihr sogar aus dem Weg, damit ich nicht in Versuchung kam, ihr meinen Kummer mitzuteilen. So eingeschüchtert war ich. Zutiefst in meiner Kinderseele fühlte ich mich von aller Welt verlassen. Die Bauersleute waren gut zu mir, sie schienen von meinem Schicksal nichts zu ahnen. Nur ab und zu wunderten sie sich über mein seltsames Benehmen, vor allem beim Essen. Mein Peiniger gönnte mir nicht einmal das. Wenn er mich unter dem Tisch mit seinem Fuß anrempelte, musste ich sofort mit dem Essen aufhören. Dieses Spiel bereitete ihm sichtlich Vergnügen. Kein Wunder, dass ich ständig hungrig war. Das wäre mir an einem Wintertag fast zum Verhängnis geworden.

Im Winter, wenn der Weg verschneit und mühsam war, bekamen wir das Essen zur Schule mit. Wir, das waren die drei Kinder des Bauern und ich. Es gab ein Stückchen Speck und die Hälfte eines harten „Paarlbrotes". Es reichte kaum für alle vier, und meistens kam ich hierbei zu kurz. Auch dieses Mal war ich leer ausgegangen. Da fielen mir jene Kinder ein, die ich im Herbst Pech kauend am Rande des Waldes gesehen hatte. Das schien mir der rettende Gedanke zu sein. Ich lief hinauf zur Kirche. Oberhalb des Untermoarhofes stand eine „Holzplum", ein großer Holzstapel aus Lärchenstämmen. Da fand ich genügend Pech. Ich griff mir eine kleine Menge dieser zähflüssigen Masse und fing gierig an daran zu kauen. Leider wusste ich nicht, dass nur das Naturharz von Fichtenbäumen genießbar war. Schon nach kürzester Zeit klebte mir Lärchenpech im ganzen Rachen, und ich bekam keine Luft mehr. Ich krümmte mich, weinte und gestikulierte in Todesangst. Zu meinem Glück wurden die Frauen vom Untermoarhof auf mich aufmerksam. Als ich auf ihr Rufen keine Antwort gab, eilten sie mir sofort zu Hilfe. Sie säuberten meinen Mund und retteten mich aus der Erstickungsgefahr.

Ich spürte das Mitleid dieser Frauen: Sie ahnten, dass es mir nicht gut ging. Die Mesnerin, die beim Müller wohnte, lud mich deshalb ab und zu ins Haus ein. Meistens am Samstag, denn da brachte der Bäcker ihr das Brot. Wenn er vorbeiging, roch es verführerisch, und die Spitzen der Wecken schauten verlockend oben aus seinem Korb heraus. Wenn die Mesnerin die Wecken dann für den Sonntag in Scheiben schnitt, fielen immer ein paar Brotkrumen ab, die ich aufessen durfte. Doch nicht alle auf einmal, weil sie Angst hatte, ich könnte in meiner Gier daran ersticken. Manchmal steckte sie mir auch ein Stück Brot zu.

Der erste Winter fernab von daheim ging vorüber. Meine Eltern hatten mich nie besucht. Sie glaubten wohl, es wäre besser so für mich. Bis auf einen Sonntag im Frühling. Wie immer war ich mit meinem Peiniger zur Messe gegangen. Auf dem Heimweg kamen wir an eine Stelle, die man einst das „Protzegg" nannte. Von hier sah man nach Katharinaberg hinüber, und hinter einer Biegung kam man durch das Tal zum Mittereggerhof. Hier glaubte sich der Knecht sicher, denn er trieb wieder einmal sein grausames Spiel mit mir. Wie einen Hund ließ er mich herum, prügelte auf mich ein und ohrfeigte mich. Da ertönte aus dem Wald eine resolute Stimme: „Jetzt haben wir genug gesehen, das werden wir daheim der Mutter erzählen!" Daraufhin ließ der Knecht sofort von mir ab. Am nächsten Tag kam tatsächlich meine Mutter und holte mich. Abgemagert, verwahrlost und zutiefst eingeschüchtert fand sie mich vor. In der notdürftig eingerichteten Mühle war kein Platz, deshalb brachte die Mutter mich noch am selben Tag zu einem anderen Bauern, nach Obervernagt auf den Raffeinhof. Da lebten herzensgute Leute, selbst kinderlos, die sich meiner sogleich erbarmten und mich mit nahrhaften Speisen aufzupäppeln begannen. Mein Körper war das üppige Essen aber nicht gewohnt und rebellierte. Ich war geplagt von fürchterlichem Durchfall und ständigem Erbrechen. Die Bauersleute befürchteten sogar, dass ich am Ende noch draufgehen würde. Als mein Zustand nach einer Woche unverändert war, kamen meine Wohltäter in ihrer Verzweiflung zu dem Entschluss, mir noch eine Frist von zwei Tagen zu geben. Ansonsten würden sie mich in einem Korb heim zu meiner Mutter tragen. Das erzählten sie mir freilich erst später, denn ich fing tatsächlich an zu genesen, und es ging mir sichtlich besser. Ich aß mit Appetit und ließ mir Milch und Butter schmecken. Diesen wie auch die weiteren drei Sommer verbrachte ich auf dem Raffeinhof: Es war eine unvergessliche, wunderbare Zeit, für die ich noch heute dankbar bin.

Faschistische Schikanen

Im Herbst 1924 war ich in Karthaus eingeschult worden, doch bald darauf war es zum Brand gekommen. Darauf besuchte ich in Katharinaberg die Volksschule. Als im Herbst 1925 das zweite Schuljahr für mich begann, wohnte ich auf dem Oberniederhof in Unser Frau bei einer Familie nahe der Schule. Am Raffeinhof hatte ich nicht bleiben können, da von dort aus der Weg zur Schule zu weit und zu gefährlich war, weshalb mich meine Eltern eben in Unser Frau unterbrachten. Dort gab es nur eine einzige Klasse, in der alle Altersstufen untergebracht waren. Nun bekamen auch wir Kinder die Folgen des Faschismus zu spüren. Fand der Unterricht in meinem ersten Schuljahr noch in deutscher Sprache statt, war dies ab sofort strengstens verboten. Die deutschsprachigen Lehrer wurden alle durch italienische ersetzt.

Als sich die wirtschaftliche Situation meiner Eltern ein wenig verbessert hatte, kehrte ich nach Karthaus zurück. Das war im Jahr 1926. Nun lebten wir zu fünft auf engstem Raum in der kleinen Mühle. Wir hatten weder Stube noch Küche, aber ich war einfach froh, wieder bei meiner Familie zu sein.

Ich besuchte fortan mit meinen Geschwistern die Schule in Karthaus. Nach der Brandkatastrophe hatte man diese notdürftig im Haus von Peter Grüner eingerichtet. In einem einzigen Raum fanden hier rund 30 Kinder Platz. Unsere Lehrerin war eine ganz junge Italienerin, gerade mal 19 Jahre alt, ihren Namen habe ich vergessen. Sie verstand und sprach kein Wort Deutsch, und wir verstanden kein Wort vom Unterricht.

Viele Erwachsene sagten zu uns Kindern, dass wir uns von der „Walschen" – so wurden Italiener ja immer bezeichnet – nichts gefallen lassen sollten. Meine Eltern waren in dieser Hinsicht zwar unvoreingenommen und verhielten sich neutral. Dennoch blieben wir davon nicht unbeeinflusst. Die größeren Buben ärgerten die Lehrerin, und wir Kleineren fühlten uns dadurch angespornt. Wir unterstützten sie mit schallendem Gelächter, weil wir uns als Verbündete ihr Lob einheimsten. Einmal ging es sogar so weit, dass ein Freund meines Bruders ein Bolzgewehr mit in die Schule brachte und damit auf die Kreidemännchen auf der Tafel schoss. Wir kreischten vor Begeisterung. Die Lehrerin bekam es mit der Angst zu tun und verschanzte sich hinter dem Pultdeckel, der eine noch verlockendere Zielscheibe bot. Nun wurde auch darauf gezielt. Dann wurde es still im Raum. Man hörte leises Wimmern. Die Lehrerin kauerte hinter dem Pultdeckel, zitterte und weinte. Die Buben waren zu weit gegangen.

Ob es am schlechten Gewissen lag, am Wesen dieses Mädchens oder an irgendwelchen Mahnungen, kann ich nicht sagen. Jedenfalls lockerte sich die Beziehung allmählich. Der Unterricht wurde für beide Parteien erträglicher, häufig wurde er sogar in kreativer Weise ausgeführt. Die Mädchen lernten Handarbeiten, und wir Buben durften schnitzen. Dazu sollten wir außer dem Holz auch ein Taschenmesser mit in die Schule bringen.

Eines Tages kamen einige Männer der faschistischen Miliz, die in Karthaus stationiert war, in unsere Schule, um die Taschenmesser zu kontrollieren. Die Messerschneide durfte nicht länger als drei Finger breit sein. Alles was darüber hinausging, war verboten. Wir Schüler wussten das, und so war es nicht weiter verwunderlich, dass das eine und andere Messer schnurstracks beim Fenster hinausgeschmissen wurde. Die Faschisten sammelten die Schnitzwerkzeuge auf und zogen die Eltern zur Rechenschaft.

Später, da war ich schon älter, unterrichtete uns ein Lehrer aus Riva am Gardasee, den ich in sehr guter Erinnerung behalten habe. Er wie auch alle anderen unserer italienischen Lehrer versuchten uns Kindern den Beitritt zur Balilla, also zur faschistischen Jugendorganisation, schmackhaft zu machen. Zugegeben, es war verlockend, denn wer wollte nicht ein neues, schönes Hemd besitzen? Aber meinen Vater brauchte ich nicht zu fragen, der hatte ganz andere Sorgen.

Abgesehen vom Religionsunterricht, der außerhalb der Schulklasse in der kalten Kirche stattfand, hatten wir keinen Unterricht in deutscher Sprache. Eine sogenannte „Katakombenschule" mit illegalem Deutschunterricht habe ich nie besucht. In Karthaus gab es nach meiner Ausschulung mit Rosa Kofler, verehelichte Brugger, eine Katakombenlehrerin, die eine Zeit lang den Kindern notdürftig Deutsch beibrachte. Da sie mitten im Dorf wohnte, war es auf Dauer auch für die Faschisten unübersehbar, dass sie regelmäßig Besuch von Kindern bekam. Die Lehrerin wäre unter normalen Umständen sofort bestraft worden, Rosa aber hatte Glück. Gualtiero Gentini war damals bei der faschistischen Miliz in Karthaus stationiert und war in ein Mädchen aus dem Dorf verliebt. Diesem Umstand, aber auch seiner Menschlichkeit, war es zu verdanken, dass er die Lehrerin eindringlich warnte und so vor einer harten Bestrafung bewahrte.

An die Präsenz der Faschisten im Dorf konnte man sich noch gewöhnen, aber nicht an deren Repressalien. Vor allem der spätere Chef der faschistischen Miliz, Dalla Mariga, blieb den meisten unangenehm in Erinnerung. Den Einheimischen wurde das Leben durch Eingriffe in den banalsten Alltag vermiest und manchmal fast unerträglich gemacht. Nicht nur weiße Strümpfe, sogenannte „Stutzen", auch die blauen Schürzen waren verboten. Ein beliebter Spaß war das „Goaßlschnölln", das laute und schnelle Knallen mit einer Peitsche. Die Faschisten konnten das überhaupt nicht leiden, und so wurden die Geißeln kurzerhand in Stücke gehackt.

Mit Dalla Mariga hatte ich später auch noch persönlich das Vergnügen. Da war ich schon 20. Einmal ging es um die Misthaufen auf dem Dorfplatz, zu denen auch jener vor unserem Stall gehörte. Die passten einigen Dorfbewohnern überhaupt nicht, und sie beschwerten sich bei Dalla Mariga darüber. Daraufhin zitierte dieser meinen Vater in das Haus am Dorfplatz, das die Faschisten als Kaserne nutzten. Weil er gar kein Italienisch konnte, musste ich mitgehen. Dalla Mariga empfing uns schon von Weitem mit einer Schimpftirade, und als mein Vater oben an der Treppe angelangt war, schlug er ihm mit der Hand geradewegs den Hut vom Kopf.

Einige Zeit nach diesem Vorfall musste ich wieder zur Kaserne. Diesmal hatte mich mein Vater dorthin beordert. Er betreute nämlich das kleine Elektrizitätswerk des Dorfes und wusste wahrscheinlich, dass dort unerlaubt Strom für einen elektrischen Ofen verbraucht, also gestohlen wurde. Das Werk lieferte kaum genügend Strom für das ganze Dorf, deshalb war der Verbrauch gerecht und streng geregelt. Ohne Ausnahme. Als ich dort ankam, sah ich seine Vermutung bestätigt. Ich machte Dalla Mariga deshalb höflich auf den unerlaubten Verbrauch des Stroms aufmerksam. Dieser packte mich sogleich an der Gurgel und drückte mich derart an die Wand, dass man noch tagelang seine Fingerabdrücke an meinem Hals erkennen konnte. Das war nun doch zu viel. Der Pfarrer des Dorfes, Johannes Stecher, riet uns daraufhin, den Vorfall anzuzeigen. Ich sollte nach Naturns gehen und mir dort von Doktor Ferraro, einem zugezogenen italienischen Arzt, ein ärztliches Zeugnis ausstellen lassen. Ich lieh mir ein Fahrrad und fuhr wie empfohlen dorthin. Ich zeigte dem Doktor meinen Hals und erwähnte lediglich, dass mich einer an der Gurgel gepackt hatte, aber nicht den Namen des Täters. Ferraro schrieb mir ohne Problem eine Bestätigung meiner Verletzung aus. Beide Zwischenfälle mit Dalla Mariga wurden dokumentiert, das ärztliche Zeugnis beigelegt und die Anzeige nach Bozen in das zuständige Amt geschickt.

Wochen später erfuhren wir, dass der Angezeigte versetzt werden sollte. Dalla Mariga kam daraufhin persönlich zu meiner Familie als Bittsteller. Seine Frau war Lehrerin in Karthaus, er selbst hatte eine gehobene Position: Mit einer Strafversetzung würden sie einiges verlieren, so argumentierte er. Deshalb bot er meinem Vater als Wiedergutmachung eine Stelle für meine Schwester Luise als Haushaltshilfe an. Vater war damit einverstanden, es war für alle Beteiligten eine gute Lösung. Dalla Mariga hielt sein Wort. Luise wurde ordentlich behandelt und bezahlt, er durfte bleiben und behandelte auch mich zuvorkommend, als ich später den „corso premilitare", die militärische Vorausbildung, zu besuchen hatte.

Mit dem Faschistenchef im Ort hatten wir uns arrangiert, der allgemeinen faschistischen Gesetzgebung konnten wir jedoch nichts anhaben. Zucker, Streichhölzer sowie andere „Luxusartikel" unterlagen dem Staatsmonopol, waren somit teuer und für unsere Familie nicht erschwinglich. Kaffee brannte meine Mutter zum Beispiel aus Eicheln, Zucker hatten wir überhaupt keinen. Deshalb versuchte man Sacharin zu bekommen, obwohl dieser Süßstoff verboten und der Besitz desselben strafbar war. Mein Vater kaufte von einer Schmugglerin drei der begehrten Schächtelchen, die das Sacharin in Form von kleinen Tabletten zu je 200 Stück enthielten. Die Freude über den Besitz dauerte leider nicht lange. Um das Warum zu erklären, muss ich ein wenig ausholen. Am Ende des Tales bei Vernagt, wo heute der Stausee liegt, gab es einen Platz, den man „Piezet" nannte. Dort stand ein kleiner Stadel. Darin übernachteten in ihren Schlafsäcken die italienischen Finanzbeamten, wenn sie im hinteren Teil des Tales ihre Wach- und Kontrollgänge durchführten. Nun erlebten sie bei ihrer Rückkehr nach einem Kontrollgang eine äußerst unangenehme Überraschung. Jemand hatte ihre Abwesenheit genutzt und in ihren Schlafsäcken seine Exkremente hinterlassen. Ein Denkzettel wahrscheinlich. Ausgerechnet an diesem Tag lief mein Vater, der sich mit dem Sacharin in der Jackentasche auf dem Heimweg befand, den „Finanzern" über den Weg. Er wurde sofort kontrolliert, und sie fanden die verbotenen drei Schächtelchen. Die Strafe fiel außergewöhnlich hart aus. Das Sacharin wurde beschlagnahmt, und er musste

den Wert von zwei Paar Schuhen als Strafe bezahlen. Das war zu
der Zeit sehr viel Geld, erst recht für meinen Vater, der sich nach
der Brandkatastrophe ohnehin mühsam wirtschaftlich wieder auf-
rappeln musste. Für ein Paar Schuhe musste man zu jener Zeit 60
Tagelöhne berappen! Solche Zwischenfälle waren Gesprächsstoff,
der sich bis in die hintersten Winkel des Tales verbreitete und für
Verbitterung und Hass sorgte.

Jugendlicher Übermut

Als ich ausgeschult war, konnte ich gerade mal das Alphabet auf Italienisch und meinen Namen schreiben. Ich wollte Mechaniker lernen. Weil aber ein familiäres Unglück dazwischenkam, konnte meine Ausbildung nicht mehr finanziert werden. Mein jüngerer Bruder Peter, der meinem Vater im kleinen E-Werk half, kam mit seinem Fuß in die Räder einer Turbine. Das Bein wurde ihm förmlich weggerissen. Schwer verletzt trug man ihn zu Fuß gut fünf Kilometer bis zum Gasthaus Neuratheis talabwärts, da damals die Straße ins Schnalstal nur bis dorthin führte. Außerdem war die Telefonleitung von Neuratheis nur mit einem Hotel am Eingang des Tales verbunden: Auf diese Weise musste man ein Auto organisieren. Das war auch nicht einfach, da nur sehr wenige Leute ein Auto besaßen. Die Organisation des Transportes kostete viel Zeit, und der Blutverlust meines Bruders war dementsprechend groß. Der Unfall ereignete sich um neun Uhr am Vormittag, und um drei Uhr nachmittags war mein Bruder im Krankenhaus von Meran. Im letzten Moment konnte er dort gerade noch vor dem Verbluten gerettet werden. Das Bein aber musste amputiert werden, da die Maschine die Knochen zerfetzt hatte.

Mit einem Bein waren die Chancen meines Bruders, eine anständige Arbeit zu finden, sehr beschränkt. So beschloss mein Vater in seiner Weitsicht, Peter eine Ausbildung zum Schneider zu ermöglichen. Peter schloss seine Lehre erfolgreich ab und eröffnete daraufhin im Dorfmairhaus in Naturns eine Schneiderei.

Nachdem für mich keine Aussicht mehr bestand, einen Beruf zu erlernen, arbeitete ich als Tagelöhner bei den Bauern im Tal. Und auch mein handwerkliches Geschick, das ich von meinem Vater geerbt hatte, brachte mir so manchen kleinen Verdienst: Vor allem wenn es etwas zu reparieren gab, war mein Talent bei den Bauern gefragt. Ich kannte das Innenleben einer Taschenuhr genauso wie jenes eines Vorhängeschlosses bis ins letzte Detail. Damals ahnte ich nicht, dass dieses Wissen später lebensrettend für mich werden sollte.

Neben meinen Tagelöhnerarbeiten war ich auch am Ausbau der Schnalstaler Straße beteiligt. Das Tal war viele Jahrhunderte lang nur über einen Fußweg, den auch Saumtiere benutzten, über Juval erreichbar. Der erste Abschnitt der Straße wurde 1875 eröffnet und führte zuerst nur bis Ratheis. In den folgenden zwei Jahren wurde sie bis Neuratheis ausgebaut. Von hier aus und mithilfe von Saumtieren und Kraxenträgern erfolgte der Transport von Waren ins Tal hinein. Der einzige Frächter des Tales war dazumal Serafin Gurschler vom Kurzhof in Kurzras, sein Sohn Willi führte sein Erbe dann erfolgreich weiter. Ab 1930 wurde die Straße nach und nach weiter ausgebaut. In meiner Jugendzeit gab es aber ganz allgemein eine rege Bautätigkeit im Tal. Wo es ging, schaute ich dabei zu sein, um mir etwas zu verdienen. So eben auch im Jahr 1933: Mit der vom Vater ausgeliehenen Feldschmiede fertigte ich vor Ort die Felsbohrer für den Straßenbau. Die Löcher für die Sprengung der Felsen mussten alle von Hand gebohrt werden. Zwanzig Leute waren allein mit dieser Arbeit beschäftigt. Es benötigte jeweils zwei Männer für eine Bohrung. Einer schlug mit dem Hammer auf den Steinbohrer, der andere musste den Bohrer drehen. Nun trug es sich zu, dass es die Arbeiter an einem Samstag nicht mehr geschafft hatten, alle vorbereiteten Steine zu sprengen. Aufgrund des schönen Wetters wurden keine besonderen Vorkehrungen zum Abdecken der Sprenglöcher getroffen. So kam meinem Freund Bernhard und mir die Idee, die sonntägliche Untätigkeit mit einem Streich zu ergänzen. Oft genug hatten wir zugeschaut, wie die Arbeiter die Sprengladungen vorbereitet hatten. Am Sonntagnachmittag ließen wir es dann so richtig krachen. Mit lautem Getöse explodierten über zehn Sprengladungen. Bevor sich der Staub gelegt hatte, hatten wir uns bereits aus dem Staub gemacht. Wir eilten nach Unser Frau und mischten uns unter die Leute, um uns ein Alibi zu verschaffen. Am Montag gab es an Ort und Stelle großes Rätselraten über die Täter. Doch da es keinen Schaden gab, ging man bald zum gewohnten Arbeitsrhythmus über. Wir Burschen aber lachten noch lange über diesen Streich.

Als im Herbst die Arbeiten für den Straßenbau eingestellt wurden, ging ich nach Lana zum Äpfelklauben. Dort lernte ich Georg „Jörg" Klotz kennen, der später als Südtirolaktivist der Sechzigerjahre in die Geschichte einging. Er war ein fröhlicher, sympathischer Bursche, den alle gern mochten. In der Mittagspause gab es öfter eine Rangelei. Da hieß es: „Losst's amoll an Rumpler oi!" Rangeln war unter den Burschen ein beliebtes Kräftemessen, aber nur aus Spaß. Mit dem Geld, das ich dort als Erntehelfer bekam, konnte ich mir einen großen Traum erfüllen. Ich ging nämlich zusammen mit Bernhard leidenschaftlich gern Ski fahren, besaß aber nur selbst gebastelte Bretter. Nun konnte ich mir richtige Ski mit Bindung kaufen.

In den Jahren 1934 und 1935 bauten die Faschisten im ganzen Tal Baracken. Niemand wusste über den Zweck dieser Gebäude Bescheid. Viele Jahre später hörte ich das Gerücht, dass in den 30 Meter langen Baracken Kriegsgefangene untergebracht werden sollten. Einmal entdeckten wir in einer solchen Baracke unterhalb von Karthaus Sprengstoff. Die Öffnung für die Licht- und Luftzufuhr war gerade groß genug, dass unsere schmalen Körper durchschlüpfen konnten. Wir entwendeten kiloweise explosives Material und Zündschnur. Damit experimentierten wir herum und hatten unseren Spaß, wenn im Acker die Kartoffeln durch die Luft flogen. Einer Familie, die in einer renovierten Klosterzelle wohnte und gerade am Mittagstisch saß, steckten wir eine kleine Sprengladung sogar ins sogenannte „Paterloch". Das war eine Vorrichtung, in die zu Klosterzeiten das Essen gereicht wurde, ohne dass der Empfänger den Überbringer sehen konnte. Passiert ist letztlich außer einem Knall wenig. Wir waren auf niemanden dieser Familie böse, ausschließlich Übermut hatte uns zu diesem Streich getrieben. Ein anderer Streich, der mir unvergesslich blieb, war auch nicht ungefährlich. Wir wussten, dass Peter Grüner, in dessen Haus der „Faschistenchef" mit seiner Frau wohnte, nicht ungern seine Flinte benutzte. Es war zwar strengstens verboten, doch er besaß ein Gewehr mit abnehmbarem Doppellauf. Wenn er damit aus dem Haus ging, war der Stutzen in seiner weiten Knickerbockerhose versteckt. So auch an einem Wintertag. Es lag genügend Schnee, ideal für unseren Streich. Wir trafen „zufällig" Peter und erzählten ihm begeistert, dass wir unten bei einer Brücke einen Fuchs aufgespürt hatten. Außerdem schilderten wir ihm, wo und wie er das Tier am besten treffen konnte. Dann trennten wir uns, es lief alles wie geplant. Inzwischen brachten wir unseren ausgestopften Fuchs, der an einem Spagat befestigt war, hinter einem Gatter in Stellung. Und auch Peter ging in Stellung. Für ihn sah es schließlich so aus, als käme das Tier durch die Zaunlücke vom Wald herunter, um auf der Wiese stehen zu bleiben. In diesem Moment schoss er und traf auch. Nur blieb dieser Fuchs nicht leblos liegen, sondern verschwand zuerst hinter einem Misthaufen und dann in die Büsche, in die wir ihn zogen. Die Enttäuschung Peters, nicht getroffen zu haben, war groß. Auch beim zweiten Mal, denn wir wiederholten den Streich. Wir Burschen waren uns der Gefährlichkeit des Streichs natürlich nicht bewusst: Es wäre nicht das erste Mal gewesen, dass jemand versehentlich erschossen wurde.

Eine weitere Jugenderfahrung trug sich im Jahre 1934 zu. Eines Tages kam ein Herr aus Mailand, dem ich seinen Koffer von Karthaus bis zum Kurzhof in Kurzras, das sind circa zehn Kilometer, tragen sollte. Der Koffer war zwar nicht besonders groß, aber sehr schwer. Als der Herr sah, dass ich den Koffer allein nicht tragen konnte, packte er selbst mit an. Am Ziel angekommen spendierte er mir ein Mittagessen beim Schwarzen Adler in Unser Frau. Ich wusste nicht, was es war, aber es schmeckte sehr gut. Als ich meiner Mutter das Essen beschrieb, sagte sie mir, dass das ein Schnitzel gewesen sei. So aß ich mit 17 Jahren mein erstes Schnitzel!

Karthaus im Schnalstal. Im Haus Klosterzelle Nummer 10 (im Bild rechts von der Kirche das erste einer Dreiergruppe) wohnte die Familie Raffeiner vor dem Dorfbrand.

Der Dorfplatz von Karthaus. Auch die Familie Raffeiner hat dort ihren Stall und Misthaufen.

Am 21. November 1924 brennt das gesamte Dorf nieder. Die Familie Raffeiner verliert alles.

Grundschulklasse mit Lehrerin Elsa Kohl und Pfarrer Gottfried Alber. Luis Raffeiner sitzt in der ersten Reihe ganz links. Karthaus, September 1924.

Luis Raffeiner mit Jugendfreund Bernhard Grüner (links). Dieser wurde später ein überzeugter Nazi und Funktionär beim VKS, dem Völkischen Kampfring Südtirol.

Fotorückseite. Die Freundschaft zerbrach während Raffeiners Fronturlaub im Juli 1942, als Raffeiner seine Meinung über die baldige Niederlage Deutschlands äußerte und damit Grüners Hass weckte.

Die für tauglich befundenen Schnalser Rekruten bei der Musterung. Luis Raffeiner liegend rechts. Schlanders, 19. Juni 1937.

Raffeiner gehört den Alpini an, den italienischen Gebirgsjägern. Marsch auf den Monte Grappa in der Provinz Vicenza. 27. Mai 1938.

Vinschger Kameraden in der Barolini-Kaserne in Bassano del Grappa. Raffeiner ist der Zweite von rechts in der zweiten Reihe. Juli 1939.

Sommermanöver in den Dolomiten, Abstieg vom Marmolata-Gletscher. 18. August 1939.

34

Sonntagsunterhaltung während des Sommermanövers bei Agordo in der Provinz Belluno. Luis Raffeiner rechts neben dem Akkordeonspieler. August 1939.

Luis Raffeiner (rechts) mit Kameraden vor dem Gefallenendenkmal in Bassano del Grappa. Sommer 1939.

Amtliche Deutsche
Ein-und Rückwandererstelle
Hauptstelle

Bozen,den 8.Dezember 1939.
Hotel Bristol

Herrn

Raffeiner

SIE HABEN WÄHREND DER FAHRT JEG--
LICHES SINGEN UND GRÖHLEN ZU UNTER-
LASSEN!
BEACHTEN SIE DIE GESETZE DES LANDES!

A n w e i s u n g .

Auf Grund der Besprechungen zwischen Berlin und Rom
sind Sie aus dem italienischem Heer entlassen worden,um in die
Deutsche Wehrmacht überführt zu werden.
Sie fahren nun am Samstag den 16.Dezember mit den fahr-
planmässigen Zuge,der am Brenner um 10.20 Uhr eintrifft nach
Innsbruck,um dort in die Deutsche Wehrmacht überführt zu werden.
Mitzubringen haben Sie :
          Italien. Mod. 4,soweit bereits erhalten
          2 Lichtbilder
          Kamm und Haarbürste
          Rasierzeug und Rasierseife
          Waschseife
          Kleiderbürste
          3 Kleiderbügel
          Stiefelwichse und Schuhbürste
          Taschentücher
          Unterzeug,soweit vorhanden.
Sonstiges Gepäck ist nur mitzunehmen,wenn Sie Bekannte oder Verwandte in Innsbruck haben,bei denen Sie das Gepäck abstellen können.
          Ihr Grenzübertritt erfolgt auf Grund eines Sammelpasses,
der bei der italienischen und bei der Deutschen Grenzpolizei am
Brenner aufliegt.- Die Fahrkarte von Ihrem Abfahrtsorte (Bahnstation)bis Brenner erhalten Sie in der Anlage;diese Fahrkarte ist
von Ihnen vor Abfahrt des Zuges am Fahrkartenschalter vorzulegen,
wo Sie vom Schalterbeamten ausgefüllt wird.Die Fahrkarte Brenner-
Innsbruck erhalten Sie am Brenner ausgehändigt.
          Sie können einen Betrag bis zu Lire 240.- (nur in 10-
Lirescheinen) mitnehmen,der Ihnen in Innsbruck zu RM.50.- umge-
wechselt wird.

                              Der Leiter der Hauptstelle :

                                   gez.Dr. Luig

                                ʃʃ - Sturmbannführer,

Luis Raffeiner optierte für die Auswanderung ins Deutsche Reich, weshalb er aus dem italie-
nischen Heer entlassen und in die Wehrmacht überführt wurde. Mit diesem Dokument fährt er am
16. Dezember 1939 nach Innsbruck.

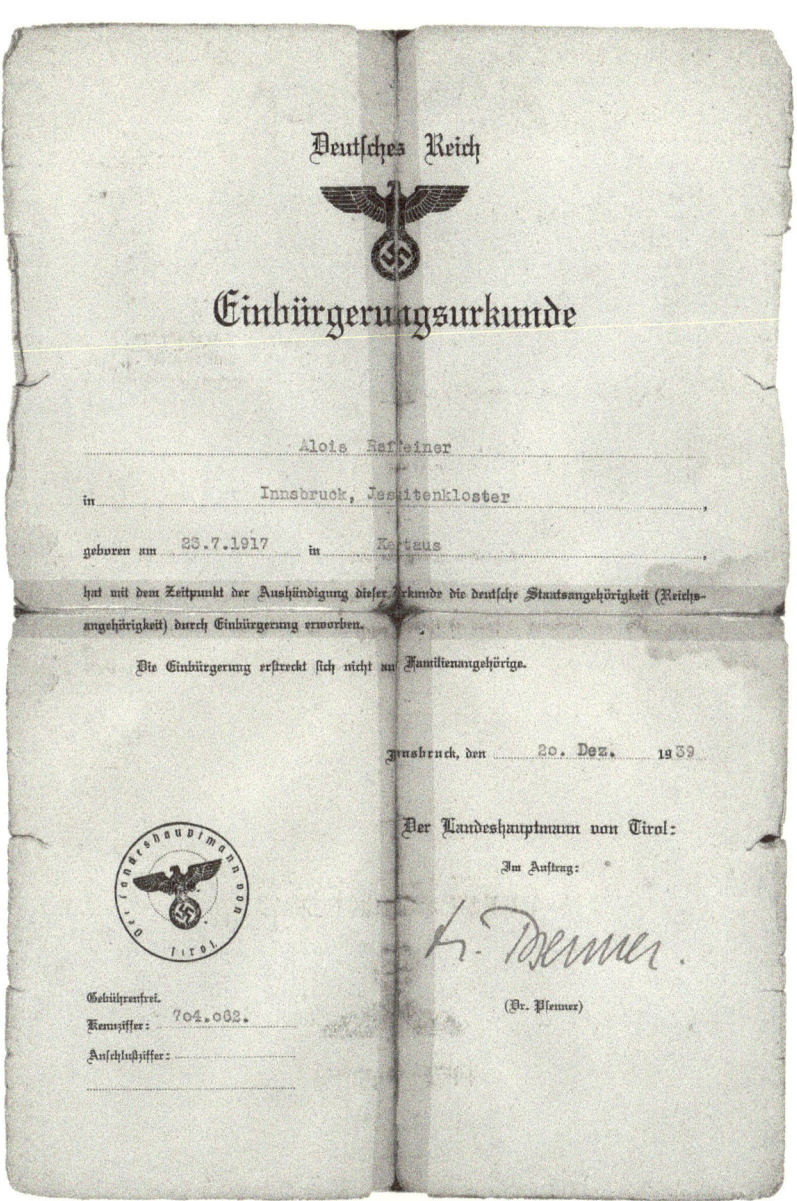

Deutsches Reich

Einbürgerungsurkunde

Alois Raffeiner

in   Innsbruck, Jesuitenkloster

geboren am   23.7.1917   in   Kartaus

hat mit dem Zeitpunkt der Aushändigung dieser Urkunde die deutsche Staatsangehörigkeit (Reichsangehörigkeit) durch Einbürgerung erworben.

Die Einbürgerung erstreckt sich nicht auf Familienangehörige.

Innsbruck, den   20. Dez.   19 39

Der Landeshauptmann von Tirol:

Im Auftrag:

L. Denner.

(Dr. Pfenner)

Gebührenfrei.
Kennziffer: 704.082.

Anschlußziffer:

Mit dieser Urkunde vom 20. Dezember 1939 erlangt Raffeiner die deutsche Reichsangehörigkeit.

Luis Raffeiner (Mitte) mit seinem Bruder Toni (links) und einem weiteren Südtiroler bei ihrer Ankunft in Igls. Alle drei tragen auf dem Revers ein Hakenkreuz. Dezember 1939.

NS-Weihnachtsfeier im großen Stadtsaal von Innsbruck mit Gauleiter Franz Hofer. 24. Dezember 1939.

Kameraden im Barackenlager Scherzhauserfeldsiedlung. Salzburg, Anfang 1940.

Krieg als Spiel. Ausbildung zum Gebirgsjäger in Salzburg.

Raffeiner im Sportdress. Salzburg, Sommer 1940.

Während seiner Zeit in den Kasernen Hellbrunn bzw. Glasenbach war Raffeiner (links im Vordergrund) zur Betreuung der Pferde eingeteilt.

Nach der Heuernte bei Bauern im Salzburgischen. Luis Raffeiner ganz rechts. Sommer 1940.

Raffeiner und Schwester Luise zu Besuch bei Familie Siefermann, dem Werkmeister der Firma Bauersfeld, während seines Arbeitsurlaubs. Karlsruhe, Oktober 1940.

Luise Raffeiner mit Freundinnen und Frauen vom Winterhilfswerk, die Spenden für den Krieg sammeln. Karlsruhe, Winter 1940/41.

Ausbildung zum Panzerwart für Sturmgeschütze im Adolf-Hitler-Lager in Jüterbog bei Berlin. April 1941.

Die Soldaten hatten keine Ahnung, wohin sie der Einsatz führen wird.

Offiziere der zweiten Batterie der Sturmgeschützabteilung 243: Leutnant Causemann, Leutnant Günter Gerlitz, Oberleutnant Friedrich Malzan, Leutnant Jesch. Jüterbog, April/Mai 1941.

Deutschland
klang vielversprechender

Bis zu meiner Einberufung zum italienischen Militär war ich noch nicht weit über das Schnalstal hinausgekommen: Ein paarmal nach Meran, dann zum Äpfelklauben nach Lana, mit dem Zug zur Musterung nach Schlanders und einmal mit dem Fahrrad nach Bozen. Dort studierte mein bester Freund Bernhard Grüner. Man muss sich das vorstellen: Kaum 18 geworden, besuchte ich in Bozen zum ersten Mal ein Kino. Für mich war das ein unglaubliches Erlebnis.

Bevor ich aber die Einberufung bekam, musste ich den „corso premilitare" absolvieren. Die Ausbildung fand unterhalb von Karthaus neben dem Bach statt, wo heute die Straße nach Oberpifrail führt. Mehrere Monate lang in den Jahren 1936 und 1937 pilgerte ich jeden Samstag zum Marschieren, Exerzieren oder Kennenlernen der einzelnen Waffen dort hinunter. Schießübungen absolvierten wir jedoch keine.

Am 15. März 1938, Hitler war gerade in Österreich einmarschiert, wurde ich zum italienischen Heer nach Bassano del Grappa einberufen. Von nun an war ich Teil des 11. Regiments der Alpini, der italienischen Gebirgsjäger. Untergebracht waren wir ungefähr 240 Südtiroler in der Barolini-Kaserne, der Rest des Regiments bestand aus ebenso vielen Italienern.

Bereits am ersten Tag wurde mir bewusst, dass sich hier jeder selbst der Nächste war. Am Morgen ging ich in die Waschräume, schraubte meinen Rasierer zusammen, legte ihn aufs Waschbecken und seifte mich ein. Wie ich ihn wieder nehmen wollte, war er schon verschwunden. Das war mir eine Lehre. Um zukünftigen Verlusten vorzubeugen, markierte ich meine Sachen mit einem Tintenstift an versteckten Stellen mit einer römischen Zwölf. Doch auch durch die Markierung ließ sich Diebstahl nicht verhindern. In der Turnhalle mussten wir für die Übungen unter anderem unseren Hut ablegen. Als ich mein Programm beendet hatte und meinen Hut nehmen wollte, fand ich ein martialisches Exemplar statt meinem vor. Nachdem ich die anderen Hüte inspiziert und meinen ausfindig gemacht hatte, wartete ich auf den Dieb und stellte ihn zur Rede. Mein italienischer Kollege spielte sich aber auf und sagte empört: „Andiamo dal tenente!", „Gehen wir zum Leutnant!" Ich stimmte zu. Dort beschwerte er sich lautstark. Ich erklärte dem Leutnant, dass ich alle meine Sachen markiert hatte und zeigte ihm Beispiele an meiner Kleidung. Daraufhin stülpte ich das Hutband des Streitobjektes um, auf dem ebenfalls eine Zwölf aufgezeichnet war. Der eben noch so überhebliche Typ wurde jetzt ganz blass und bekam eine Strafe. Auf diese Weise bekam ich öfter meine Sachen zurück. Ich war aber auch gezwungen, andere Methoden anzuwenden. Zum Ausgehen gab es eine eigene Hose, wir nannten sie „Brandenhose". „Branda" war der italienische Name für das eiserne Bettgestell in unserem Schlafraum, auf dem ein Tuch und eine Wollmatratze lag. Die Ausgehhose legte man zwischen das Tuch und die Matratze, dann war sie bei Bedarf schön „gebügelt". Als ich eines Morgens aufwachte, war das Tuch aufgeschnitten und meine Hose verschwunden. Der Dieb hatte sich in der Nacht unter meinem Bett zu schaffen gemacht. Über so viel Dreistigkeit war ich überrascht. Ich zog meinen blauen Schlosseranzug an und ging in die Werkstatt zu meinem Kollegen Luis Schiefer aus dem Passeiertal. Ich erzählte ihm von meinem Verlust und bat um Hilfe. Ich musste mir dringend eine andere Hose besorgen, ich konnte doch nicht am Abend mit dem Schlosseranzug ausgehen!

Es gab im Kasernenhof einen Brunnen, wo jeder seine Wäsche waschen konnte. In einer Ecke bei den Wäscheleinen saßen die Soldaten und bewachten ihre Sachen, bis sie trocken waren. Unser Plan war folgender: Während der Luis beim Waschen am Brunnen einen Streit provozierte, würde ich mir im richtigen Augenblick eine passende Hose von der Wäscheleine schnappen. Es klappte wunderbar. So kam ich wieder zu einer Ausgehhose. Ich war auf diese Art der Wiederbeschaffung nicht stolz. Es blieb mir aber nicht viel übrig, da ich die Hose sonst hätte bezahlen müssen oder mir der Betrag vom Sold abgezogen worden wäre.

Anfang Dezember 1938 kam ich nach Terni bei Rom, wo ich einen Waffenmeisterkurs absolvierte. Auch hier wurde geklaut, denn eines Tages war meine Matratze weg. Ich hatte meine Sachen vorsichtshalber gleich gekennzeichnet und fand meine Matratze wieder. Ansonsten war es eine interessante Zeit, und die Vorgesetzten behandelten uns stets gut. Anschließend ging es in die Dolomiten, zum Wintermanöver in Asiago. Wir bekamen Ski und hatten neben der Ausbildung auch jede Menge Spaß. Auch sonst ging es nicht so streng her. Es gab sogar ein Regimentsrennen, bei dem ich sehr gut abschnitt. An eine andere Begebenheit dort erinnere ich mich ebenso gern. Ein Kollege aus dem Schnalstal war auch in Asiago dabei. Eines Tages liefen wir den „Taufenmachern" über den Weg: Das waren Handwerker, die Fässer und Eimer aus Lärchenholz herstellten. Diese Handwerker aus Asiago holten schon seit mehreren Generationen im Sommer das Holz aus dem Schnalstal, weil die Lärchen dort von hervorragender Qualität waren. Das Holz wurde nach dem Fällen an Ort und Stelle verarbeitet und zu Bündeln, sogenannten „Taufenbinggl", geschnürt, damit sie die Mulis transportieren konnten. Wir kannten diese Taufenmacher natürlich: Die Wiedersehensfreude war auf beiden Seiten groß. Mein Schnalser Kollege und ich wurden von ihnen eingeladen und verbrachten während des Wintermanövers schöne Stunden mit diesen Familien.

Zu Pfingsten 1939 durfte ich auf Urlaub nach Hause fahren. Dort angekommen traf ich Bernhard Grüner wieder. Bernhard und ich waren schon zusammen zur Schule gegangen, und im Laufe der

Jahre hatte sich eine tiefe Freundschaft entwickelt. Wir gingen zusammen auf die Berge, verbrachten viel Zeit miteinander und hatten keine Geheimnisse voreinander. Sein Vater war Postmeister von Schnals, und Bernhard studierte in Bozen im Deutschordenshaus. Studenten wurden damals gezielt und vorrangig für politische Interessen vereinnahmt. So muss es auch mit Bernhard gewesen sein. Denn er lud mich ein, mit ihm auf eine Alm zu kommen. Es würde recht lustig zugehen dort, versprach er mir. Wir liehen uns in Naturns Fahrräder aus und fuhren ins übernächste Dorf nach Rabland. Beim Strasserhof pfiff Bernhard einen jungen Burschen herbei, und so gingen wir zu dritt auf die Tablander Alm oberhalb Partschins. Dort kamen aus allen Richtungen Leute zusammen. An die 40 Männer und Burschen müssen es gewesen sein. Es lag eine eigenartige Stimmung in der Luft, und in mir keimte so langsam eine Ahnung. Es war eine geheime Zusammenkunft, es ging um Hitler und den Nationalsozialismus. Es wurde exerziert, und es wurden Lieder gesungen: „Singend wollen wir marschieren, in die neue Zeit, Adolf Hitler soll uns führen, wir sind zum Kampf bereit." Für mich war es das erste Mal, dass ich hautnah mit nationalsozialistischem Gedankengut und Sympathisantentum in Kontakt kam. Das ganze Treiben wirkte eigenartig auf mich, es war ein Aha-Erlebnis. Aber es ging dann auch recht lustig und gesellig zu, und so machte ich mir keine weiteren Gedanken.

Nach meinem Urlaub kehrte ich nach Bassano zurück. Den Sommer verbrachten wir in den Dolomiten. Ende August ließ uns der Hauptmann antreten und sagte uns, dass er sehr zufrieden mit uns sei und dass wir uns nicht von den Gerüchten beunruhigen lassen sollten, die im Umlauf waren. Es wurde nämlich nicht nur über den Kriegsbeginn spekuliert – Deutschland marschierte dann effektiv am 1. September 1939 in Polen ein –, es ging vor allem um die Zukunft von uns Südtirolern: Seit einiger Zeit erreichten uns, vermittelt durch Zeitungen und über private Kontakte, Nachrichten über eine mögliche Umsiedlung der deutschsprachigen Südtiroler nach Deutschland, über die es zu entscheiden galt.

Alle Südtiroler wurden im September 1939 vom Militär beurlaubt und nach Hause geschickt, um sich mit ihren Familien über die sogenannte Option zu besprechen. Mit großer Spannung fuhr ich nach Karthaus, um zu erfahren, was eigentlich los war. Zu Hause erhielt ich nun Gewissheit: Wir konnten uns für das Deutschtum entscheiden, das bedeutete Auswanderung nach Deutschland. Entschied man sich fürs Dableiben, bedeutete das die totale Aufgabe der eigenen Kultur und Sprache sowie Abwanderung aus der Heimat mit Ansiedlung irgendwo vom Po abwärts, so jedenfalls lauteten die Gerüchte.

Mein Freund Bernhard war beim VKS, dem Völkischen Kampfring Südtirol, der die Südtiroler Bevölkerung mit einer massiven Propagandaflut von der Option für Deutschland überzeugen wollte. Bernhard bearbeitete auch mich, als ich wegen der Optionsentscheidung zu Hause war. Ich war ja bereits 22 und konnte selbst über mein Schicksal entscheiden. Außerdem beauftragte er mich, in meinem Verwandtenkreis fürs Abwandern zu werben. Als ich in Naturns einen Verwandten tatsächlich darüber ansprach, erhob dieser seine Stimme und überhäufte mich mit einem energischen Wortschwall. Bevor ich noch irgendetwas sagen konnte, hörte ich ihn schimpfen, ich solle ihn in Ruhe lassen und verschwinden. Dann ließ er mich stehen und ging. Er hatte sich fürs Dableiben entschieden, und damit war für ihn die Front klar. Die Emotionen bei den Leuten schaukelten sich unbeschreiblich auf. In diesen Tagen erlebte ich ein heilloses Durcheinander: Familien, Freunde, Nachbarn zerstritten sich, beschimpften sich gegenseitig als Heimatverräter und Faschisten. Unser Pfarrer von Karthaus sprach sich fürs Dableiben aus. Er war in seiner Argumentation sehr zurückhaltend, aber umso entschlossener vermittelte er den Eindruck, dass das Hierbleiben die richtige Entscheidung war. Leider war er mit seinem Appell im Dorf nur ein einsamer Rufer in der Wüste, denn umso lauter waren die Stimmen derjenigen, die von einer Ideologie geblendet waren, die mehr dem Wunschdenken als der Realität entsprach. Diese Erkenntnis hatte ich damals leider noch nicht. Meine Familie hatte ausnahmslos für Deutschland gestimmt. Wir orientierten uns wie die meisten anderen einfachen Leute an der Entscheidung gebildeter und besser stehender Personen im Dorf und im Bekanntenkreis. Wir vertrauten darauf, dass diese wohl richtig informiert waren und nicht so ohne Weiteres Grund und Boden aufgeben würden.

Selbst hatte ich in der Heimat nichts zu verlieren, denn ich besaß nichts, hatte keinen Arbeitsplatz – es konnte eigentlich nur besser werden. Mit Deutschland fühlte ich mich aufgrund der Sprache und Kultur mehr verbunden – und auch mehr Hoffnungen für eine bessere Zukunft waren damit verknüpft. Die einen oder anderen Propagandaparolen hatten im Hinterkopf sicherlich ihre Spuren hinterlassen, aber meine Entscheidung fiel vor allem auf der Gefühlsebene. Deutschland klang vielversprechender als Sizilien, und was ich vom Faschismus zu erwarten hatte, wusste ich ja zur Genüge.

Nach den zehn Tagen Urlaub kehrte ich nach Bassano zurück. Von den 240 Südtiroler Soldaten in Bassano hatten nur drei für das Dableiben gestimmt, alle anderen für Deutschland. Die drei Dableiber wurden von den anderen als Besserwisser gebrandmarkt und verspottet. Am 10. November 1939 wurden wir vom Militär entlassen. Wir bekamen einen Entlassungsschein, den sogenannten „congedo", und durften nach Hause. Die Entlassung der Soldaten fand in mehreren Etappen statt, jedes Mal nur 40 Südtiroler. Man hatte Angst, dass es sonst zu Randalen hätte kommen können. Auf der Fahrt nach Bozen ging es dann richtig ausgelassen zu: Das „Heil Hitler!" wechselte sich mit deutschen Liedern ab, und getrunken wurde dabei auch. Ich machte zwar mit, aber alles im

Rahmen. Fanatisch war ich sowieso nicht, ganz ausgrenzen wollte ich mich aber auch nicht. In der Mitte durch: Unter den Ersten wollte ich nicht sein, und den Letzten beißen die Hunde, das war meine Devise. Der Alkohol tat seine Wirkung, das Gegröle aus den geöffneten Fenstern wurde immer lauter und war der italienischen Bahnpolizei zu provokant. Als wir ausgestiegen waren, ordnete die Bahnwache an, dass wir uns im Warteraum in Dreierreihen aufstellen und vortreten sollten. Daraufhin nahm man jedem den „congedo" wieder ab, um die Daten festzuhalten. Das schmeckte mir überhaupt nicht. Als unsere Gruppe zum Vortreten kam, beobachtete ich genau den Ablauf. Erst wurde der vorderen Reihe der Schein abgenommen, und als meine, die zweite Reihe, dran war, schlüpfte ich unbemerkt in die erste. So hatte ich meinen Entlassungsschein gerettet, dessen Besitz mir dann die Rückoption, also die Zurückerlangung der italienischen Staatsbürgerschaft, nach Ende des Krieges wesentlich erleichterte.

Schönen Gruß vom
Gauleiter Hofer

Am 8. Dezember 1939 bekam ich die Einberufung ins deutsche Heer, unterzeichnet von SS-Sturmbannführer Dr. Luig. Ich musste mich im Hotel Bristol in Bozen melden. Dort war die Amtliche Deutsche Ein- und Rückwanderungsstelle untergebracht. Als wir bald darauf mit dem Zug Richtung Brenner fuhren, wehten bis hinauf zu den höchstgelegenen Höfen weiße Tücher zum Abschied im Wind. Er war außergewöhnlich, dieser Abschied aus der Heimat. Es herrschte eine fröhliche Stimmung. Die Menschen winkten, die Tücher flatterten, das Herz fieberte dem unbekannten Abenteuer entgegen. Ich ging gerne. Ich hatte das Gefühl des Aufbruchs, der Neues und vielleicht doch Gutes bringen würde. Wir Soldaten wurden durch die Überstellung in die deutsche Wehrmacht zu den ersten Optanten Südtirols, die bereits 1939 die Heimat verließen. Mit dabei war auch mein Bruder Toni, der ebenso die Einberufung bekommen hatte und mit mir nun gemeinsam nach Innsbruck fuhr.

Als wir in Innsbruck ankamen, wurden wir privat untergebracht, ein paar von uns im Vorort Igls. Bei einem Rundgang durch die Ortschaft hielt ein Auto mit dem Wimpel eines Gauleiters neben uns. Die Scheibe war heruntergekurbelt, wir grüßten mit „Heil Hitler!". Der Fahrgast erkannte uns als Südtiroler und fragte, wann wir angekommen seien. Daraufhin gab uns der Mann zwanzig Mark, sagte, wir sollten ins Gasthaus Grünwalderhof gehen, dort ein Bier trinken und vom Gauleiter Hofer einen schönen Gruß bestellen. Wir haben Bier und Gruß bestellt, aber dieser Gauleiter Hofer war für uns noch kein Begriff.

Am 20. Dezember kamen wir ins Jesuitenkloster von Innsbruck, dort wurden wir einquartiert und erhielten gleichzeitig mit der offiziellen Einbürgerungsurkunde die deutsche Staatsbürgerschaft. Die Mönche hatte man aus dem Kloster vertrieben. Als ich in den Hof des Klosters ging, sah ich, wie ein Berg von Gebetsbüchern und Heiligen Schriften verbrannt wurde. Da ging mir das erste Mal ein Licht auf. Ich erinnerte mich an die Gerüchte, die ich zu Hause bruchstückhaft von einer Dableiberorganisation mitbekommen hatte. Einige wussten wohl tatsächlich mehr als die große Masse, zu der auch ich gehörte. Dass es gegen die Kirche ging, verstand ich dann auch zu Weihnachten. Am Heiligen Abend wurde uns verboten, zur Christmette zu gehen. Stattdessen gab es im großen Innsbrucker Stadtsaal eine Weihnachtsfeier, bei der Gauleiter Franz Hofer und andere NS-Persönlichkeiten wortgewaltige Reden schwangen. Vor allem wurde für die SS geworben, Schutzstaffel der NSDAP. Es gab reichlich und gut zu essen und zu trinken, im Saal herrschte eine tolle Stimmung. An diesem Abend meldeten sich viele Südtiroler zur SS. Auch ich wurde gedrängt: Man sagte mir, dass ich doch ein strammer Bursche war und mich melden sollte. Ich sagte aber, dass ich mich nicht eignen und die Wehrmacht bevorzugen würde. Der Enthusiasmus, mit dem für die SS geworben wurde, war mir einfach nicht geheuer. Dass uns verboten wurde, zur Christmette zu gehen, und das Verbrennen der Bücher im Jesuitenkloster waren für mich die entscheidenden Warnsignale. Ich kannte einige brave Burschen, die sich hatten mitreißen lassen. Es gab einige Fanatische aus dem Südtiroler Unterland, die vor Begeisterung oder vielleicht auch unter Einfluss von Alkohol bis zur Heiserkeit „Heil Hitler" schrien und sich nicht im Geringsten im Klaren waren, auf was sie sich eingelassen hatten. Ein Zurück gab es nicht mehr.

Mein Bruder Toni kam vom Militärdienst frei, da er ein chronisches Leiden hatte. Für mich ging es schon am Stephanitag los: Wir mussten marschieren und im Laufschritt nach Hall. Von dort wurden wir im neuen Jahr in die Scherzhauserfeldsiedlung nach Salzburg verlegt. Hier sagte der General in seiner Ansprache: „Es freut uns, dass Sie freiwillig zur deutschen Wehrmacht eingerückt sind!" „Na bravo!", dachte ich mir. So konnte man die Sache auch sehen. Was wäre wohl gewesen, wenn ich freiwillig weder Lust auf das deutsche noch auf das italienische Militär gehabt hätte? Wir wurden dann militärisch eingekleidet, und ich begann meine dreimonatige Ausbildung bei den Gebirgsjägern des 137. Regiments. Einen Monat lang durften wir nicht ausgehen. Wir wurden richtiggehend gedrillt: „Hinlegen, auf, marsch, marsch, Gasmaske auf, ein Lied!" hieß es die ganze Zeit. Es war unbeschreiblich. Ich habe mir am Ende der Ausbildung im Februar 1940 bei der Schinderei sogar einen Leistenbruch geholt und kam ins Sankt-Josef-Spital in Salzburg. Dort wurde nicht nur mein Bruch behandelt, sondern auch gleich der Blinddarm herausoperiert. Es waren noch weitere Südtiroler, sogar ein Naturnser, der Latschrauner-Sepp, im Spital. Wir waren eine lustige Gesellschaft. Der betreuende Arzt, Dr. Mitterstiller aus Innsbruck, hatte uns ins Herz geschlossen und versuchte uns so lange wie möglich im Spital zu behalten. Dafür erfand er eigens eine Epidemie, die ausgebrochen war, und ließ deshalb sogar die Wände neu streichen. Nachdem ich aus dem Spital in Salzburg entlassen worden war, verbrachte ich die Zeit vom 7. Mai bis zum 4. Juni im Erholungsheim in Ehrwald in Tirol. Dann hieß es, ich sollte sofort zu meiner Einheit kommen, die sich in der Lehener Kaserne befand. Bis ich zusammengepackt sowie die Papiere erledigt hatte und wieder in der Kaserne war, war es schon Nachmittag. Als ich in der Kaserne ankam, schien alles wie ausgestorben. Kein Mensch war zu sehen. Ich begab mich in die oberen Räume, wo sich der Schlafsaal befand, und blickte vom Flur aus in den Hof. Dort unten waren sie alle in Reih und Glied aufgestellt, und ich hörte immer wieder „ich schwöre" rufen. Es fand die Vereidigung statt, und ich war zu spät gekommen. Wie sollte ich mich jetzt verhalten? Ich konnte jetzt nicht einfach hineinplatzen. Ich beschloss, mich im Klosett zu verstecken. Als alle heraufkamen, mischte ich mich dann einfach dazwischen. So wusste keiner genau, ob ich dabei gewesen war oder nicht. Am nächsten Tag startete die Einheit Richtung Norwegen. Mich nahmen sie nicht mit, weil die Formalitäten für mich nicht erledigt waren. So kam ich erneut zu einer Rekrutenkompanie. Außerdem musste ich in den Kasernen Hellbrunn und Glasenbach zum zweiten Mal eine Ausbildung machen. Hier bekam ich einen Südtiroler Kollegen als Ausbildner: Anton Staffler aus Lana hatte ich bereits in Bassano del Grappa kennengelernt. Nun war er hier zeitweise mein Ausbildner, was für mich ein erleichternder Vorteil war, denn ich durfte mich bei ihm öfter mal in den Büschen ausruhen. Wir Rekruten mussten uns ansonsten in den Lehener Auen tüchtig durch den Schlamm quälen.

Im Herbst 1940 bekam ich Arbeitsurlaub. Da stand ich erst einmal vor der Frage: wohin? Ich hatte zwar eine Cousine in der Nähe von Innsbruck. Mehr Aussicht auf Arbeit erhoffte ich mir aber bei meiner Schwester in Karlsruhe. Meine Schwester Luise hatte auch optiert und war im April 1940 mit weiteren 16 Südtirolerinnen nach Karlsruhe gekommen, um dort in der Klinik eine Ausbildung zur Hebamme zu machen. Ich besuchte meine Schwester und ging dann aufs Arbeitsamt. Dort nannte mir eine Elsässerin, die das Schicksal der Südtiroler aufgrund ähnlicher Erfahrungen nicht unberührt ließ, die Adresse der Firma Bauersfeld in der benachbarten Stadt Heidelberg, die sich auf Maschinen- und Apparatebau spezialisiert hatte und Arbeitskräfte suchte. Ich hatte keinen Beruf gelernt, war aber technisch interessiert und daher sehr gespannt auf diese Arbeit. Ich stellte mich dort als ausgewanderten Südtiroler auf Arbeitsurlaub vor und sagte außerdem, dass ich nur meine Uniform besaß. Herr Bauersfeld, der Inhaber der Firma, war ein sehr netter Mann. Er sagte, er hatte von der Option der Südtiroler gehört und könnte mich gut gebrauchen. Dann nahm er mich beim

Arm, führte mich in seine Schlafkammer, öffnete den Kleiderschrank und nahm eine seiner engsten Hosen, der Herr war etwas korpulenter als ich, eine blaue Jacke und einen Gürtel heraus und drückte mir die Sachen in die Arme. Er besorgte mir auch eine Wohnmöglichkeit bei einer netten Familie in der Nähe der Firma. Am nächsten Tag zeigte er mir meinen Arbeitsplatz, wo an die zwölf Arbeiter mit der Herstellung von automatischen Fleischwölfen und Wurstfüllmaschinen beschäftigt waren. Die Auftraggeber waren Metzgereien, es wurde aber alles für die Wehrmacht produziert. Mir gefiel die Arbeit, und ich brauchte mich als Anfänger nicht zu schämen. Ich schaute den anderen genau zu und lernte schnell, sodass man sehr zufrieden mit mir war.

Nach ein paar Tagen kam ein Arbeiter, er hieß Siefermann, auf mich zu und fragte mich, ob ich eine Zigarette rauchen wollte. „Danke", antwortete ich, „aber am Arbeitsplatz ist das Rauchen nicht erlaubt." Am nächsten Tag, als ich in der Schmiede zu tun hatte, kam derselbe Mann nochmals auf mich zu und lud mich ein, mit ihm am Samstag in das Gasthaus Goldener Knopf am Adolf-Hitler-Platz zu gehen. Ich sagte zu. Am Samstag trafen wir uns zuerst in seiner Wohnung und gingen dann gemeinsam in das besagte Lokal. Zu der Zeit bestand überall in Deutschland Verdunkelungspflicht, es durfte kein Licht auf die Straße dringen, und die Straßenbeleuchtung war ausgeschaltet. Es gab laufend Kontrollgänge. Wenn irgendwo auch nur aus einer kleinen Ritze Licht drang, wurde ans Fenster geklopft und energisch der Befehl „Verdunkeln!" hineingerufen. Der Grund dafür: Damit die Engländer mit ihren Flugzeugen die Städte nicht so leicht orten konnten, musste alles dunkel sein. Als wir im Gasthaus ankamen, ging es an manchen Tischen schon recht lustig zu. Es war ein netter Abend. Um 23 Uhr war Polizeistunde. Der Raum leerte sich, die meisten verließen das Lokal durch die Eingangstür. Wir verschwanden durch eine andere Tür und befanden uns dann in einem Nebenraum, wo sich an die

30 Personen befanden. Die Fenster waren vollkommen verhüllt. Hier ging es nun richtig rund. Die Unterhaltung steigerte sich, man machte sich über Adolf Hitler lustig, und es herrschte eine antinationalsozialistische Stimmung. Mich als Südtiroler ließ man hochleben. Mir wurde bei der ganze Sache aber ganz mulmig zumute. Mein Begleiter hatte das bemerkt und beruhigte mich: Ich bräuchte mir keine Sorgen zu machen, es seien sogar hohe Polizeibeamte unter den Gästen, die Anwesenden seien alle Gegner Hitlers. Die Sache sei wasserdicht, fügte er noch hinzu. Hier erlebte ich, dass hinter den Fassaden manches ganz anders aussah.

Mein Begleiter an diesem Abend wurde kurze Zeit später in der Firma zum Werkmeister ernannt, sein Vorgänger, ein eingefleischter Nazi, wurde hinausgeekelt. Der Abschied aus der Firma war sehr herzlich, als ich im März 1941 wieder meine Einberufung in die Lehener Kaserne nach Salzburg bekam. Ich kam erneut zur Rekruteneinheit und absolvierte weiterhin die Ausbildung zum Gebirgsjäger. Dass ich keine Luftsprünge vor Freude machte, kann man sich denken. Das Ganze hing mir langsam zum Hals heraus.

Ausbildung zum Panzerwart

Während einer Schießübung im April 1941 kam der Spieß, das war die Bezeichnung für den Kompaniechef, und rief laut: „Raffeiner!" Ich trat vor ihn hin und wartete auf seine Anweisung. Er fragte: „Sie sind Mechaniker?"

„Jawohl", antwortete ich.

„Kommen Sie heute Mittag zu mir auf die Schreibstube!" Ich war gespannt, was mich erwarten würde. Mittags auf der Schreibstube klärte mich der Spieß auf. „Ich sage Ihnen etwas, aber bitte behalten Sie es für sich!", waren seine ersten eindringlichen Worte. „Es geht um eine technische Einheit." Technische Einheit, das war Musik in meinen Ohren. Alles, was mit Technik zu tun hatte, interessierte mich. Es handelte sich um 24 Tonnen schwere Panzer einer Sondereinheit, sogenannte Sturmgeschützpanzer, die im Frankreichfeldzug im Sommer 1940 erfolgreich erprobt worden waren. „Diese Panzer sind eine Geheimwaffe und sollen mit der Infanterie den Weg in die feindliche Richtung aufreißen", so der Spieß. Außerdem erklärte er mir, dass jede Batterie aus sieben solcher Panzer bestehen würde, die gesamte Einheit umfasste 500 Mann. „Für die Wartung dieser Panzer werden Mechaniker gebraucht", brachte er es schließlich auf den Punkt. Wenn ich wollte, könnte ich im Adolf-Hitler-Lager in Jüterbog bei Berlin eine Ausbildung zum Panzerwart absolvieren. Abschließend verwies er wiederum auf die strenge Geheimhaltung und gab mir Zeit, mich zu entscheiden. Dafür brauchte ich nicht lange. Nach acht Tagen kam schon die Meldung: „Heute Nacht um ein Uhr müssen Sie fahren, Raffeiner!" Mit dem Zug fuhr ich Richtung Berlin. Der Spieß warnte mich, dass ich die Haltestelle bei der dritten Station nach dem Städtchen Wittenberg nicht verpassen sollte. „Sonst sieht es schlecht für Sie aus", waren seine Worte.

Das klang geheimnisvoll, beinahe beängstigend. Ich passte also genau auf und stieg bei der dritten Station aus. Es war eine verlassene Gegend, ringsum Kiefernwald und nur ein kleines Schilderhäuschen. Dort stand ein Posten und fragte nach meinen Papieren. „Alles in Ordnung, diese Straße lang", sagte er. Ich marschierte drauflos, und nach ungefähr zehn Minuten traf ich einen Soldaten. Ich grüßte ihn und fragte: „Kamerad, wie sieht es aus da drin?" Der Mann klopfte mir auf die Schulter und sagte: „Kamerad, geh wieder zurück, wo du herkommst, da drin ist die Hölle los!" Was hatte ich mir da wohl eingebrockt? Für einen Rückzieher war es aber zu spät. Das Erste, was ich dann zu sehen bekam, waren Rekruten, die mit dem Kommando „Hinlegen, auf, marsch, marsch!" durch die Gegend gehetzt wurden. Das kam mir reichlich bekannt vor. Dann kam ich ins Lager und meldete mich, wie mir aufgetragen worden war. Am Morgen darauf ging es mit der Ausbildung auch schon los, allerdings war erst einmal eine Stunde „Fußdienst" angesagt, bei dem sich schon ein Problem für mich auftat. Unser Ausbildner war Preuße, und ich verstand ihn nicht, zumindest nicht richtig. Da ich mich so daran orientieren musste, was die anderen machten, war ich bei den Befehlen immer zu spät dran. Wie das aussah, kann man sich vorstellen. Der Ausbildner jedenfalls hatte keine rechte Freude mit mir. Einmal brüllte er mich an: „Robben!" Ich legte mich sofort hin und robbte ein Stück, bis der nächste Befehl kam. Diesen verstand ich leider falsch und robbte weiter, bis mir einer nachgelaufen kam und rief: „Raffeiner, Sie müssen zurück!"
Meine Kameraden klärten die Sache dann auf. Sie sagten dem Ausbildner, dass ich Tiroler sei und ihn häufig nicht richtig verstehen würde. Der Vorgesetzte war von da an sehr freundlich zu mir und sagte fast schon entschuldigend, dass er das nicht gewusst hatte.
Nach der täglichen Ertüchtigung am Morgen hatten wir, das waren rund 30 Männer, technischen Unterricht. Ein Ingenieur in Zivil

erklärte uns alle technischen Feinheiten eines Panzers und schilderte uns, was wir in Pannensituationen zu tun hatten. Der Unterricht war wirklich sehr interessant. Mit dabei war auch ein Kamerad, der durch seine Art allen auffiel. Es ist schwer zu erklären: Aber sehr vielen von uns störte seine fast schon peinliche Aufmerksamkeit, mit der er den Unterricht verfolgte. Michael Scheurer hieß er, wir nannten ihn auch „Kittelprunzer", weil er aus dem bayerischen Kloster Ansbach hierher gekommen war. Eines Tages wurde er Opfer eines Streiches: Während einer Unterrichtsstunde steckte ihm ein Rekrut heimlich den Schlauch einer Fettpumpe in die Hosentasche, worauf ein anderer zu pumpen anfing. Die Hosentasche wurde immer dicker und wölbte sich bereits beträchtlich. Inzwischen bemerkten auch andere den Streich. Michael Scheurer lauschte nach wie vor mit regungsloser Aufmerksamkeit dem Unterricht, als er plötzlich zusammenzuckte und mit der Hand in seine Hosentasche griff. Es gab Gelächter. Der Gelinkte hob daraufhin die Hand und verpetzte die unbekannten Täter.

„Wer war das?", fragte der Ausbildner in die Runde. Allgemeines Schweigen. Er setzte den Unterricht fort, fragte aber immer wieder nach dem Täter. Und immer wieder folgte kollektives Schweigen.

„Zum letzten Mal, wer war es?" Keine Antwort.

„So, einrücken!", befahl der Vorgesetzte schließlich. Daraufhin folgte ein unbeschreiblich harter Drill. Wir mussten exerzieren, dass uns die Zunge nur so raushing: „Hinlegen, auf, marsch, Gasmaske auf, ein Lied!" Es war die reinste Tortur. Der Gelackmeierte wurde nicht verschont, auch er musste mitmachen. Die Devise hieß: „Einer für alle, alle für einen!" Am Morgen um fünf Uhr ging der Schliff weiter. Eine ganze Woche mussten wir büßen, wir wurden richtig fertiggemacht. Nach diesen acht Tagen wurden wir erneut gefragt, wer es gewesen war. Doch auch diesmal folgte nur Schweigen. „So, nun habe ich gesehen, dass ihr Soldaten seid: einer für alle, alle für einen!" Damit war die Sache ausgestanden.

Kurze Zeit später war die Ausbildung zu Ende: Ich schloss als einer der Besten ab und war fortan für die technische Betreuung von Sturmgeschützpanzern verantwortlich. Was mir genau blühte, wusste ich damals jedoch nicht. Es war Ende April 1941, als sich die Situation im Lager schlagartig änderte. Sturmgeschützeinheiten wurden zusammengestellt und verließen über Nacht das Lager. Auch wir waren an der Reihe. Unser Ziel war Treuenbrietzen, das liegt zwischen Jüterbog und Berlin. Unsere Sturmgeschützabteilung 243 bestand aus drei Batterien mit jeweils sieben Panzern. Der Abteilung gehörten ungefähr 500 Mann an: Fahrer, Ersatzleute, Mechaniker und Küchenpersonal. Ich war als Panzerwart der zweiten Batterie zugeteilt worden, sie hatte die Feldpostnummer 36814.

In Treuenbrietzen angekommen wurde die ganze Sturzgeschützabteilung mitsamt den 21 Panzern auf dem Stadtplatz präsentiert, um der Bevölkerung die Macht und Stärke Deutschlands zu demonstrieren. Es war das erste und letzte Mal, dass wir so geschlossen als Abteilung auftraten. Später im Russlandfeldzug war jede Batterie mehr oder weniger auf sich allein gestellt und immer wieder anderen Armee-Einheiten zugeteilt. Je nach Generalbefehl wurden wir für unterschiedliche Missionen eingesetzt. Wir galten als eine Art Himmelfahrtskommando. In dieser Kleinstadt verbrachten wir dann eine Woche. Danach wurde unsere Einheit auf die Bahn verladen, und es ging Richtung Polen.

Bis jetzt war die Zeit als Soldat zwar teilweise recht anstrengend gewesen, dennoch war nichts wirklich Beunruhigendes passiert. Jetzt wussten wir aber: Es wird ernst. Es ging ein Gerücht um, dass wir in den Irak kämen, um den Engländern in den Rücken zu fallen. Es hieß, die Russen würden uns durchlassen. Als wir im polnischen Rzeszow angekommen waren, wurden wir ausgeladen und fuhren auf der Straße weiter. Müdigkeit machte sich breit: Ein Panzerfahrer schlief ein und walzte einen Telegrafenmast platt. Daraufhin übernachteten wir in einem Wald. Über unser Ziel wurden wir nicht unterrichtet. Nur wussten wir jetzt, dass die Sache mit dem Irak nicht stimmen konnte. Als wir durch ein nie enden wollendes Waldgebiet nach Rzeszow fuhren, bot sich uns ein bisher noch nie gesehenes Bild. Der ganze Wald wimmelte von Soldaten und militärischen Einheiten. Infanterie, Artillerie und Pioniereinheiten mit ihren Pontons lagerten versteckt im Wald. Pontons wurden als schwimmende Plattformen zum Überqueren von Flüssen eingesetzt, falls es keine Brücken gab. Ich erinnerte mich, dass ich solche zur Zeit meiner Ausbildung in Salzburg auf der Salzach gesehen hatte. Als wir den Wald durchquert hatten und wieder auf freiem Feld fuhren, erreichten wir bald Zamosch. Da stand ein Schild mit der Aufschrift: „Kann vom Feind eingesehen werden."

Nun erfuhren wir, dass Russland unser Ziel war. Zu diesem Zeitpunkt fiel das erste Mal der Name „Unternehmen Barbarossa". Wir konnten uns darunter rein gar nichts vorstellen. Näher informiert wurden wir einfachen Soldaten ohnehin nicht. Und zu fragen hätte sich keiner getraut. Überhaupt wagte niemand über politische Entscheidungen zu diskutieren, nicht einmal im engsten Kameradenkreis. Wir fuhren dann weiter nach Belzec, wir waren ungefähr drei Kilometer von der russischen Grenze entfernt.

Unsere Einheit wurde in verschiedene Positionen aufgeteilt. Ich sah, wie die einheimische Bevölkerung überall Schützengräben aushob, es lag etwas in der Luft. In dieser Nacht hörten wir eine Rede Hitlers im Rundfunk: Er schwafelte etwas von der bolschewistischen Gefahr und von der Rettung der ganzen europäischen Zivilisation und Kultur. Am Ende der Ansprache bat der Antichrist Hitler sogar um den göttlichen Beistand für diesen schweren Kampf.

Verbrechen gegen die Menschlichkeit

Es war der 22. Juni 1941 kurz nach zwei Uhr nachts, als für meine Batterie der Befehl zum Aufsitzen kam – der Russlandfeldzug begann. Von Belzec ging es Richtung Grenze. Ich musste als Panzerwart – ich hatte den Dienstgrad eines Gefreiten – mit der Kampfeinheit mitfahren. Wir waren Teil der Heeresgruppe Süd. Da es im Panzer nur Platz für vier Mann gab, hatte ich mir hinten am Panzer mit einem Brett einen Stehplatz geschaffen. Nur wenn's richtig gefährlich wurde, holte man mich trotzdem ins Innere. In dieser Nacht aber nicht.

So begann der Krieg nun hautnah auch für mich. Links und rechts von mir, zu beiden Seiten der Panzer, rückte die Infanterie vor. Mir wurde zwar gesagt, dass ich von meiner Position aus mit meinem Maschinengewehr schießen sollte. Ich tat es aber nicht, denn ich sah meine Aufgabe in erster Linie als Techniker. Vor allem aber wollte ich – man soll mich einen Feigling nennen – niemanden erschießen und betete, dass auch mich niemand erschießen würde. Ein Panzer selbst war wohl schlagkräftig genug, was sollte ich mit einem Maschinengewehr schon aufhalten?

Entlang der ganzen Front krachte es bereits. Es erhob sich ein unbeschreiblich furchtbares Inferno. Überall heulte und dröhnte es. Wir hörten die „dicke Berta", die legendäre Kanone aus dem Ersten Weltkrieg, die ungefähr einen Kilometer von uns entfernt auf Eisenbahnschienen stand. Dieses Geschütz dröhnte so unheimlich und ohrenbetäubend laut, dass mir ganz elend wurde. Ich stand hinten am Panzer und schickte Stoßgebete zum Himmel. In diesen Stunden herrschte ein Kriegsgewimmel, das sich einfach nicht beschreiben lässt. Um sieben Uhr früh hatten wir den ersten Toten zu beklagen. Ich erlebte zum ersten Mal Krieg in seiner brutalen und grausamen Wirklichkeit. Es war eine Höllennacht. Wir hatten die Russen ohne vorherige Kriegserklärung angegriffen. Nach dem Überschreiten der Grenze näherten wir uns einer russischen Bunkerlinie. Während die Infanterie mit fünf Panzern unserer Batterie weiter vorrückte, mussten wir mit zwei Panzern zurückbleiben und feindliche Artillerie in Schach halten: Die Russen hatten sich in dreistöckigen Bunkern verschanzt und beschossen uns mit ihren Artilleriegeschützen. Unsere Sturmgeschütze waren so zielgenau, dass man aus einer Distanz von etwa anderthalb Kilometern direkt in die Schießscharten der Bunker zielen konnte. Dennoch dauerte die Auseinandersetzung zwei Tage, am dritten hängten die Überlebenden weiße Leintücher zum Zeichen der Kapitulation aus den Bunkern. Auf sie wartete die Gefangenschaft. Wir hatten Granaten mit Aufschlagzünder verwendet, das hieß, dass sie erst im Innern der Gebäude explodierten. Wie es danach da drinnen aussah, war schrecklich. Einige Kameraden waren in die Bunker gegangen und berichteten davon.

Nach diesem Einsatz folgten wir unserer Einheit. Der Weg führte uns zuerst nach Rawa-Ruska, gleich hinter der polnischen Grenze in der heutigen Ukraine gelegen, wo wir übernachteten. In Nemirow, unserer nächsten etwa 20 Kilometer entfernten Station, sorgten wir bei der Bevölkerung für Unterhaltung. Einer der Soldaten hatte von irgendwoher ein Grammophon ergattert und spielte daraufhin den Dorfbewohnern russische Platten vor. Überhaupt erlebten wir auf unserem Vormarsch auch so manche heitere Stunde mit der russischen Landbevölkerung. Es waren Frauen, Kinder und Alte, die wir in den Dörfern antrafen. Sie wohnten meist in armseligen Holzhütten. Alles, was die Natur und die Umgebung rundum hergaben, war zum Bau dieser Hütten verwendet worden: Ineinanderverflochtene Äste als Wände, eine Mischung aus Tiermist und Lehm als Füllmaterial und eine Art Kalk als Verputz. Betten hatten sie keine. Sie schliefen zwar nicht auf dem nackten Lehmboden, sondern meistens auf Stroh oder auf gemauerten Holzöfen, aber gemütlich war das nicht.

Mit im Gepäck hatte ich außerdem eine Art russisches Wörterbüchlein, das wir schon bald nach Überquerung der russischen Grenze bekommen hatten. Ich studierte fleißig darin die wichtigsten russischen Begriffe, die für uns Soldaten im Umgang mit der russischen Bevölkerung nützlich sein konnten. Somit konnte man zumindest ein paar Worte wechseln.

Zurück zu unserem Vormarsch: Von Nemirow kamen wir in einen kleinen Ort, den ich als Mosliwiltzje in Erinnerung habe. Hier sah ich zum ersten Mal, wie mit Juden umgegangen wurde. Ich hatte zwar von den Ereignissen der Reichskristallnacht Ende 1938 in Deutschland gehört, aber erlebt hatte ich so etwas bisher nicht. Auch von einer antijüdischen Stimmung innerhalb unserer Sturmgeschützabteilung kann ich nicht berichten, wobei uns ohnehin jegliches politische Bewusstsein fehlte. Hier in diesem Ort unweit der polnisch-russischen Grenze sah ich nun, wie die Juden, es waren alles Männer, Straßen bauen mussten und dabei von Leuten der Wehrmacht wild drangsaliert wurden. Sie sahen jämmerlich aus. Ich konnte die Situation nicht ändern, lediglich im persönlichen Umgang war es mir möglich, ein wenig Menschlichkeit zu zeigen.

Die Panzer standen auf einer Anhöhe neben der Kirche, und ich ließ einen Juden meinen Werkzeugkoffer hinauftragen. Dafür schenkte ich ihm einen Laib Brot. Der Ausdruck seiner Dankbarkeit ging mir bis in die Seele, es war ein Ausdruck, der mich sehr betroffen machte.

Nach diesem Aufenthalt fuhren wir Richtung Osten weiter über Tarnopol bis nach Berditschew und dann Schitomir, eine Strecke von insgesamt rund 500 Kilometern. An der Eroberung dieser beiden Städte, es muss Anfang Juli gewesen sein, waren wir an vorderster Front mit dabei. Das bedeutete, dass wir in dritter Reihe hinter Infanterie und Artillerie agierten und über diese beiden hinweg auf feindliche Truppen schossen. Unsere Geschütze waren auch auf drei Kilometer Entfernung noch sehr zielgenau.

In Schitomir erlebte ich, wie nach 30 Jahren Abstinenz wieder ein Gottesdienst abgehalten wurde. Die Leute kamen von weit her zu diesem Ereignis. Es mag paradox klingen, aber für diese Menschen waren wir mehr Befreier als Aggressoren.

Unsere nächste Station war das südlich von Schitomir gelegene Winniza. Dort war bereits eine SS-Einheit. Von Winniza verlegten wir uns ins nahe Bar. Anscheinend gab es in diesem Ort ein GPU-Gefängnis, in dem russische Gefangene, politische Gegner des Kommunismus, untergebracht waren. Davon erfuhren wir aber erst Tage später, nachdem wir diesen Ort passiert hatten. Ein deutscher Offizier, ich weiß nicht mehr seinen Rang und seine Funktion, erzählte uns, dass in diesem Gefängnis Hunderte Russen niedergemetzelt worden waren. Als Beweis dafür verteilte er Fotos: Darauf waren tatsächlich Leichen zu sehen. Als das Foto geschossen wurde, so der Offizier, suchte eine Frau zwischen den bestialisch Ermordeten ihren Angehörigen. Und einer der Männer lebte noch, wimmernd streckte er die Arme hoch, man hatte ihm die Augen ausgestochen. Wir glaubten spontan an eine Säuberungsaktion der SS. Der Offizier betonte jedoch, dass sich die Russen hier der eigenen politischen Gegner entledigt hatten und das Verbrechen der SS in die Schuhe schieben wollten. So sollte bei der eigenen Bevölkerung zusätzlich Hass gegenüber den deutschen Aggressoren geschürt werden. Diese Richtigstellung war dem Offizier wichtig, für uns war sie auf jeden Fall glaubwürdig. So erfuhren wir außerdem, dass man im unterirdischen Teil dieses Gefängnisses auf ein Massengrab mit rund 2.500 Toten gestoßen war.

Auf solche Bilder des Schreckens hätten wir gerne verzichtet. Auf unserem Vormarsch erlebten und sahen wir aber täglich die Auswüchse von Gewalt: Leichen von gefallenen Russen, die am Straßenrand herumlagen, gehängte „Partisanen" oder Juden, die zusammengetrieben und dann umgebracht wurden, das bekamen wir natürlich mit. Irgendwann stumpft man jedoch vor solchen Bildern ab und nimmt sie nicht mehr bewusst wahr. Trotzdem hielt ich häufig auch diese schrecklichen Erlebnisse mit einem Fotoapparat fest. Ein Cousin von mir, ein überzeugter Nazi, hatte mir eine Fotokamera Marke Voigtländer geschenkt. Als Funktionär des Völkischen Kampfrings Südtirol, der NS-Organisation in Südtirol, musste er vorerst nicht in den Krieg ziehen. Deshalb sollte ich Eindrücke des Krieges für ihn festhalten, damit er auf diese Weise daran teilhaben konnte.

Auf unserem weiteren Vormarsch Richtung Osten erreichten wir Gajsin und dann den Großraum von Uman: In der Nähe dieser Stadt kam es dann Anfang August zur sogenannten Kesselschlacht um Uman. Unsere Panzerabteilung war nicht direkt, sondern nur am Rande der Kesselschlacht in die Kämpfe verwickelt worden. Die Russen wurden von unseren Einheiten von allen Richtungen her ringförmig eingekreist. Die Schlacht dauerte einige Tage, viele Soldaten fanden auf dem Schlachtfeld den Tod. Die Zahl der Gefangenen war gigantisch.

Nach der Kesselschlacht stand uns das Hinterland bis zum Schwarzen Meer und zum Fluss Dnjepr für einen weiträumigen Vorstoß offen. Unser nächstes Ziel war Kiew, wir sollten die Eroberung der Stadt unterstützen. Dafür mussten wir über den Fluss Dnjepr. Mit unseren zwei Panzergeschützen setzten wir mit der Fähre über den Fluss. Dabei war es wichtig, dass wir von der Infanterie flankiert wurden. Sie schützten uns auf der Seite, denn die dünnen Seitenwände waren der Schwachpunkt unserer Panzer. Ich hatte eine höllische Angst, ich konnte nämlich nicht schwimmen. Artilleriefeuer schlug neben uns ein, und über uns waren ständig Flugzeuge. Wir kamen Gott sei Dank unversehrt über den Fluss. Drüben empfingen uns schon die Russen. In dieser Nacht wurden wir eingeschlossen. Die Russen waren mit ihren Kanonenbooten durchgebrochen und kamen den Dnjepr herunter. Wir waren jetzt der Panzergruppe von Kleist des gleichnamigen Generalobersten Ewald von Kleist unterstellt, die sich mitten in der Kesselschlacht von Kiew befand. Unsere beiden Panzer befanden sich nicht weit davon entfernt, wo der Dnjepr und der Fluss Desna zusammenfließen, sozusagen in deren Keil. Der Fluss war hier am breitesten. Manchmal wussten wir nicht, wo der Feind sich befand. Nur nachts konnte man genau erkennen, wo die Front verlief, weil die Leuchtkugeln des Gegners rötlicher und matter als unsere waren. Leuchtkugeln benutzte man, um nachts das feindliche Terrain besser zu lokalisieren und sichtbar zu machen. Mit unseren beiden Panzern fanden wir uns jetzt zusammen mit der Infanterie an der Spitze der Front wieder. Wir trafen auf deutsche Truppen, sogleich mussten wir unsere Geschütze feinjustieren, damit wir nicht unsere eigenen Kameraden erwischten. Kiew wurde indes im großen Bogen durch die Wälder eingekesselt. Die Schlacht um die Stadt dauerte mehr als einen Monat: Wie es nach einem solchen Kriegsgetümmel aussah, war dermaßen makaber, dass es mir stark an den Nerven zehrte. Von Leichen konnte man zum Teil gar nicht mehr sprechen. Es lagen nur noch menschliche Brocken herum; sogar in den Bäumen hingen Körperteile. Auch zerstückelte Pferde samt Leiterwagen gehörten zum Schreckensszenario. Die Zahl der russischen Gefangenen nach der Kesselschlacht bei Kiew war enorm, angeblich waren es an die 650.000.

Ich hatte bereits den Gefangenenmarsch aus der Kesselschlacht von Uman gesehen. Stundenlang trottete dieser endlos lange Zug von Dreierreihen an uns vorüber. Sie mussten schon tagelang unterwegs gewesen sein, und wahrscheinlich hatten sie nichts zu essen bekommen. Ich wurde dabei Augenzeuge eines Vorfalls, den ich bis heute nicht vergessen habe. Neben der Straße lag ein totes

Pferd. Es war Hochsommer, und das Tier war von den Gasen, die durch die Hitze entstanden waren, richtiggehend aufgebläht worden. Schwärme von Fliegen, angezogen vom Gestank der Verwesung, umschwirrten den Kadaver. Plötzlich machte es ein explosionsartiges „Pfuhhhh": Das Pferd war geplatzt, und die Gedärme flogen heraus. Ein Gefangener löste sich aus der Kolonne, stürzte zum Pferd hin, zerrte an den stinkenden Gedärmen, stopfte sich damit erst einmal gierig den Mund voll und seilte den Rest dann hastig in seine Konservenbüchse ab. Dann reihte er sich wieder in den Gefangenenzug ein. Bei diesem Anblick wurde mir speiübel, und ein Gedanke, ein Stoßgebet, schoss mir durch den Kopf: „Möge Gott uns vor solch einem Schicksal bewahren!" Kurz nach dieser Episode entfernte sich ein weiterer russischer Gefangener von der Kolonne, diesmal kam er geradewegs auf uns zu. Mit unseren Panzern waren wir am Straßenrand postiert. Der Russe bettelte um Brot. Einer aus unserer Sturmgeschützabteilung zog die Pistole und richtete sie auf den Gefangenen. Geschossen hat er nicht, denn der Russe reihte sich schnell wieder in den Gefangenenzug ein.

„Herr bitte Brot". Unterwegs mit der Bahn an die Ostfront. Polen, Juni 1941.

Raffeiners Sturmgeschützeinheit nach dem Ausladen am Bahnhof in Rzeszow am Tag vor dem Angriff auf die Sowjetunion. Polen, 21. Juni 1941.

Das Grab des ersten Toten der Sturmgeschützabteilung 243 in der Nähe von Belzec an der damaligen polnisch-russischen Grenze. Polen, 22. Juni 1941.

Von Raffeiners Einheit eroberter Bunker zwischen Rawa-Ruska und Nemirow. Ukraine, Juni 1941.

Abgeschossenes russisches Flugzeug bei Rata in der Nähe von Rawa-Ruska. Sommer 1941.

„Stalin ist erbeutet, aber nur auf dem Bild". Bildbeschriftung Raffeiners auf der Fotorückseite. Bei Rawa-Ruska, Sommer 1941.

„Touristischer Blick" auf Land und Leute. Nemirow, Sommer 1941.

Deutsche Soldaten spielen der ukrainischen Dorfbevölkerung auf einem erbeuteten Grammophon russische Musikplatten vor. Bei Nemirow, Sommer 1941.

Drangsalierte Juden unweit der polnisch-russischen Grenze. Sommer 1941.

*Panzerleutnant Günter Gerlitz
mit einem Unteroffizier.
Ukraine, Sommer 1941.*

*Die Kameraden Franz Reichelt und Lothar Gladrow in einem Ford, daneben der Mann von der
Schreibstube und ein weiterer Kamerad. Vorne auf dem rechten Kotflügel ist das Abzeichen der
Sturmgeschützabteilung 243 zu sehen, der „Eiserne Ritter" mit dem Erkennungszeichen der
jeweiligen Batterie: Kreuz, Pik, Herz, Karo.*

Panzer der Sturmgeschützabteilung 243 auf dem Vormarsch, im Hintergrund brennende Häuser. Ukraine, Sommer 1941.

Zerstörung eines russischen Panzers während des Vormarsches.

„Man nahm sich, was man brauchte." Soldaten und Küchenpersonal mit geschlachteter Kuh.
Sommer 1941.

Feldküche mit Soldaten beim Kartoffelschälen. Die Soldaten mussten sich selbst Lebensmittel
„organisieren", da eine Versorgung über den Nachschub nicht vorgesehen war.

Inspektion eines russischen 24-Tonnen-Panzers, erobert auf dem Vormarsch. Sommer 1941.

Der Tod ist ständiger Begleiter. Anfangs werden die Gefallenen noch mit vorgefertigten Kreuzen bestattet. 2. Juli 1941.

Rast bei einer typischen russischen Kolchose während des Vormarsches. Sommer 1941.

Ein Panzer wird „aufmunitioniert", das heißt mit Granaten bestückt.

Raffeiners Panzer „Blondine" wird zum Gefecht klargemacht. Sommer 1941.

Auf dem Vormarsch trafen die deutschen Soldaten vorwiegend auf Frauen und Kinder.
Ukrainisches Volksfest, Sommer 1941.

Unter der Deutschen
Besatzung konnte nach
30 Jahren Kommunismus
wieder ein Gottesdienst
stattfinden. Schitomir,
Juli 1941.

Was zeigen diese Bilder? Niedergemetzelte russische politische Gefangene, die angeblich in einem Gefängnis der sowjetischen Geheimpolizei GPU gefunden wurden? Das Volkskommissariat des Inneren (NKWD) schob derartige Massaker den Deutschen in die Schuhe.

Propagandaminister Joseph Goebbels wiederum ließ Gräuelfotos von NKWD-Opfern unter den Soldaten verteilen, um die Unmenschlichkeit der Russen zu demonstrieren. Gleichzeitig wurden durch die SS Tausende Juden zur „Vergeltung" erschossen.

*Eindrücke von der Kesselschlacht bei Kiew, wenige Tage danach. Die für die Nachrichten-übermittlung unverzichtbaren Telegrafenverbindungen sind bereits wieder hergestellt.
August/September 1941.*

Die Schlacht um Kiew dauerte mehr als einen Monat, der Ring um die Stadt war übersät mit ausgebrannten Fahrzeugen. Verwundete und Tote sind bereits fortgeschafft.

Die unzähligen Trümmer werden nach Brauchbarem durchforstet.

Gefangene Russen bei Aufräumarbeiten nach der Kesselschlacht von Kiew. September 1941.

Die Zahl der russischen Gefangenen nach der Kesselschlacht war enorm.

Gefangene in einem endlos scheinenden Zug. September 1941.

Im Judenghetto

Aufgrund meiner fachlichen Kompetenz, man nannte mich innerhalb meiner Einheit den „Panzerdoktor", wurde ich manchmal von anderen Batterien „ausgeliehen", vor allem wenn es um schwierige Arbeiten ging, so zum Beispiel für die Einstellung der Stütz- und Lenkbremse. Das war meistens alles andere als angenehm, denn häufig befand ich mich mittendrin im Artilleriefeuer. So manches Mal dachte ich mir, nur ein Wunder würde mich lebend aus dieser Hölle bringen. Sehr froh war ich aber, dass ich nicht selbst zum Waffengebrauch gezwungen wurde.

Es war Herbst, und nach dem Einsatz um Kiew fuhren wir mit unserer Batterie der Sturmgeschützabteilung 243 Richtung Norden nach Gomel in Weißrussland und anschließend in das russische Klinzy, insgesamt waren dies gut 300 Kilometer. Unterwegs, als wir wieder einmal in einem Dorf eine Rast einlegten, suchte ich mit einem Kollegen ein Plätzchen zum Schlafen bei einer russischen Frau. Plötzlich wurden wir aus dem Schlummer gerissen. „Bombili, Bombili", klang es für uns. Die Frau rief aufgeregt und gestikulierte mit den Armen. In unmittelbarer Nähe war tatsächlich ein Benzinlager bombardiert worden und explodiert. Wir hatten tief geschlafen und nichts gemerkt, die Müdigkeit zeigte ihre Wirkung. Und die war nicht ungefährlich. Unsere Kameraden hatten indes die zwei Panzer während der Bombardierung in Sicherheit gebracht. Gerade noch im letzten Moment sahen wir sie um die Ecke biegen, und so konnten wir sie noch einholen.

Von Klinzy aus brachen wir auf nach Brjansk: Die Stadt lag rund 200 Kilometer in nordöstlicher Richtung entfernt und war Mitte Oktober eingenommen worden. Dort gab es dann für meine Panzergruppe eine Zeit lang nicht viel zu tun, auch weil wir keine Panzer mehr hatten. Was war passiert? In einer Halle, in der meine Einheit samt Sturmgeschützen lagerte, war Feuer ausgebrochen. Die Flammen hatten uns in der Nacht überrascht, wir konnten nur mehr aus dem Gebäude flüchten. Alle sieben Panzer flogen aber in die Luft.

Mich wählte man aber wieder mal für einen speziellen Auftrag aus. Unser Leutnant, seinen Namen habe ich vergessen, hatte einen Wagen, der ihm lieb und teuer war. Nun wollte er, dass das Fahrzeug überholt wurde. Dafür mussten wir eigens nach Minsk zu einer Bohr- und Schleifereiwerkstatt fahren. Wir waren zu viert, unser Leutnant, ein Unteroffizier namens Seifenheld, ein zweiter Motorschlosser und ich. Anfang November fuhren wir nun mit zwei Autos nach Minsk und lieferten beide Wagen in der Werkstatt ab. In Minsk gab es ein Offiziersheim, dort stieg der Leutnant ab. Wir mussten uns selbst eine Unterkunft organisieren. In üblicher Eroberermanier rumpelten wir ohne vorher anzuklopfen in irgendeine Hütte hinein. Wir waren ganz verblüfft, als uns hier auf russischem Boden die Hausfrau in deutscher Sprache anredete. Sie erzählte uns, dass sie Wolgadeutsche sei. Sie hieß Gareis, hatte einen Sohn und zwei Töchter und erzählte uns, wie sie hierhergekommen war. Wir quartierten uns bei ihr ein und verbrachten zwei Wochen bei der Familie.

Im Leninhaus der Stadt war in den unteren Räumen ein Verpflegungslager untergebracht. Dort konnten wir uns mit einem Verpflegungsschein das Essen holen. Nun schrieben wir mit Erlaubnis unseres Leutnants eine Eins vor die Vier. So bekamen wir das Essen für 14 Personen und versorgten auch die Familie, bei der wir wohnten, und die Juden in der Werkstatt, die in der Montagegrube für uns das Auto wieder auf Vordermann brachten. Diese waren froh ums Essen, machten ihre Arbeit mit großem Fleiß, und wir machten es uns gemütlich.

Mit den beiden hübschen Mädchen der Familie hatten wir viel Spaß, aber nur im kameradschaftlichen Sinn. Unser Leutnant war ein anständiger Kerl und hatte uns davor gewarnt, die braven Mädchen anzurühren. Abends saßen wir meistens alle zusammen vor dem Herd auf dem Lehmboden, und mein Schlosserkollege, er hieß Spinke, gab den Komödianten. Er hatte Talent: Es gab viel zu lachen, und wir hatten wirklich eine lustige Zeit. Wir gingen sogar ins Kino. Angesichts der brutalen Kriegserlebnisse der letzten Wochen tat uns diese Unbeschwertheit gut. An einem dieser Abende erzählte uns Frau Gareis auch von einem Judenghetto, das sich nur einige Hundert Meter von uns entfernt befand. In diesem Lager würde viel Brauchbares herumstehen, schilderte sie uns und fragte, ob wir ihr nicht ein paar Bettgestelle von dort besorgen könnten. Wie wir schliefen sie nämlich auf dem kalten Boden. Wir versprachen, dass wir uns mal umschauen würden.

Dieses Judenghetto umfasste ein ganzes Stadtviertel von Minsk, eingezäunt mit Stacheldraht und bewacht von Maschinengewehrposten. Unteroffizier Seifenheld begleitete uns, er wusste schon einiges über dieses Ghetto. Kaum hatten die Wachen am Lagereingang auf dem Spiegelkragen der Uniform unserer Panzertruppe die beiden Totenkopfabzeichen gesehen, ließen sie uns passieren. Mit der SS hatten wir aber nichts zu tun. Die Totenköpfe in der Mitte unseres Kragenspiegels waren das Einzige, das wir mit der berüchtigten Truppe gemein hatten.

Im Ghetto begegneten wir lauter Elend. Wir mussten allerdings sehr vorsichtig sein: Unteroffizier Seifenheld hatte uns erzählt, dass es hier drinnen Spitzel gab, die sich nur als Juden ausgaben.

Vom Eingang des Ghettos aus gingen wir eine leichte Anhöhe hinauf. Daraufhin schlenderten wir auf einer Straße dahin, bis wir auf der Suche nach brauchbaren Bettgestellen in ein Gebäude eintraten. Drinnen befanden wir uns bald in einem großen Raum, einer Art Saal, in dem sich eng beieinanderstehend an die hundert Juden aufhielten. Kaum waren wir eingetreten, raunte uns Unteroffizier Seifenheld zu, dass wir uns ein wenig von ihm entfernen sollten. Wir ahnten sofort, dass er jemanden Bekannten gesehen haben musste. Wir entfernten uns wie befohlen. Wir sahen Seifenheld, wie er sich mit einem der Juden unterhielt. Als er sich von dem Juden entfernte und zu uns zurückkam, war er kreidebleich und wirkte zutiefst niedergeschlagen. Er war fix und fertig und kämpfte mit den Tränen. Nachdem er sich gefasst hatte, erzählte er uns, dass er seinen Metzgermeister getroffen hatte. Beide waren sie Berliner, und er kannte den Mann seit seiner Kindheit. Er erzählte uns von der Gutmütigkeit und Beliebtheit dieses Mannes und dass er stets ein aufrichtiger, freundlicher und ehrlicher Mensch gewesen war.

Der Metzgermeister war mit einem kleinen Koffer hierher gekommen. Man hatte ihm gesagt, dass er sich ansiedeln könnte. Seifenheld gegenüber äußerte er aber seine Bedenken, weil ihm alles so eigenartig vorkäme. Der Unteroffizier brachte es nicht übers Herz, dem zweifelnden Mann die Wahrheit zu sagen. Denn Seifenheld wusste, dass sein Bekannter bald umgebracht werden würde. So beschwichtigte er ihn und sagte, dass das mit der Ansiedlung schon stimmen würde. Einen befreundeten Menschen in dieser Situation anzutreffen und ihm nicht helfen zu können, traf unseren Offizier zutiefst.

Nachdem wir in einer der Räumlichkeiten hier drinnen drei Bettgestelle gefunden hatten, verließen wir das Gebäude wieder. Vor dem Haus stand ein Lastwagen mit Plane, daneben verweilten SS-Leute. Unteroffizier Seifenheld ließ sich auf ein Gespräch mit ihnen ein. Die SS-Männer prahlten, was mit dem Transport – der Lkw war voll beladen mit Juden – passierte. Täglich wurde ein Straßenzug „geräumt": Das waren an die 3.000 Juden, die Tag für Tag verladen und umgebracht wurden. Kleinkinder wurden bereits im Lager getötet, damit sie beim Transport nicht schrien. Sie wurden an einem Bein gepackt, an die Wand geschlagen, in den Lastwagen geschmissen und in den Wäldern vor Borissow verscharrt.

Größere Kinder und Erwachsene mussten dort zuerst einen Graben ausschöpfen, sich nackt ausziehen und sich an den Grabenrand stellen. Dann wurden sie erschossen. Die Nächsten der Reihe sammelten die herumliegenden Kleidungsstücke ein und schöpften dann die Leichen zu. So entstand ein neuer Graben. Dann wurden sie auf dieselbe Weise exekutiert. „Umschichten" nannte man diesen Vorgang. Während die SS-Leute erzählten, kam ein weiterer Planen-Lkw angefahren. Er blieb unmittelbar neben uns stehen, er war leer. Der Fahrer stieg aus und wechselte in den voll beladenen Wagen, beide Fahrzeuge gehörten der Wehrmacht.

Dass es gegen die Juden ging, wussten wir zwar. Von einem solchen Ausmaß an Massentötungen, wie sie hier in den Wäldern vor Borissow vonstatten gingen, hatte ich aber weder gehört noch musste ich je eine solche miterleben. Mich schauderte, und ich war froh, das Lager wieder verlassen zu dürfen.

Die Familie Gareis war uns sehr dankbar für die Bettgestelle, die wir aus dem Ghetto mitgebracht hatten. Als unser Aufenthalt nach ungefähr zwei Wochen zu Ende war, verabschiedeten uns die Leute mit Tränen in den Augen. Wir holten die Fahrzeuge in der Werkstatt ab und fuhren zurück nach Brjansk. Wir verabredeten uns, in Smolensk zu stoppen und dort zu übernachten. Nach ungefähr 80 Kilometern, wir befanden uns mitten in einem Waldstück im Großraum von Borissow, löste sich bei unserem Wagen eine der Radmuttern. Wir konnten nicht mehr weiterfahren. Die anderen waren schon außer Sichtweite. Deshalb fuhr der Leutnant, der mit mir im Wagen saß, per Anhalter zurück nach Minsk, um in einem Ersatzteillager die nötigen Teile zu besorgen. Ich blieb allein beim Wagen zurück. Die Gegend hier war nicht ungefährlich, normalerweise wäre man nur im Konvoi durchgefahren, und jetzt stand ich allein da. Während ich wartete, kam ein Russe mit einer Armbinde vorbei – die Bedeutung der Armbinde kannte ich damals nicht. Heute vermute ich aber, dass dieser Mann im Dienste der Deutschen stand: Wahrscheinlich erfüllte er auch irgendeine Funktion bei der systematischen Vernichtung der Juden, die hier vor Borissow stattfand. Damals dachte ich jedoch nur an meine eigene Sicherheit und ließ ihn nicht gehen, solange der Leutnant nicht zurück war. Ich schenkte ihm etwas Schokolade und fragte auf Russisch, ein paar Brocken konnte ich ja, ob er rauchen wollte. Ich versuchte ihn hinzuhalten. Als er dann doch gehen wollte, machte ich ihm mit dem Griff zur Maschinenpistole unmissverständlich klar, dass er das lieber bleiben lasse. Ich behandelte ihn freundlich, aber jetzt war er mein Gefangener. Nach mehr als zwei Stunden kam der Leutnant zurück, und wir konnten den Schaden beheben. Den Russen hielten wir in Schach, bis der Wagen angekurbelt war und wir erleichtert und mit Vollgas weiterfuhren. In Smolensk übernachteten wir wie verabredet. Dort lernte unser Leutnant eine nette Russin kennen, die beiden verstanden sich auf Anhieb sehr gut. Sie redeten offen über die aktuelle politische Lage, und ich hörte die Russin sagen, dass wir den Krieg verlieren würden. Der Leutnant setzte dem nichts entgegen. Er ahnte vielleicht, dass die Russin recht hatte.

Am nächsten Tag fuhren wir weiter. Am Wegrand sahen wir bald immer mehr herumliegende Leichen. Wir rätselten: Waren diese Menschen Opfer von Partisanen geworden? Es war uns ganz und gar nicht wohl dabei. Nach einer Weile holten wir einen Gefangenentransport von einigen Hundert Russen ein, der lediglich von zwei Soldaten bewacht wurde. Mancher Gefangene glaubte deshalb, dass er leicht flüchten konnte. Das war ein tödlicher Irrtum. Jeder Flüchtende wurde gnadenlos abgeknallt. Wir fuhren dem Tross eine Weile hinterher, und als einer der beiden Gefangenenwächter die Frage unseres Leutnants verneinte, ob wir Verstärkung schicken sollten, fuhren wir weiter bis nach Brjansk.

Als wir dort ankamen, war meine Einheit nicht mehr da. Sie war zum Angriff auf Moskau aufgebrochen.

Krieg kennt keine Gnade

Auch ohne dass meine Einheit neue Panzersturmgeschütze bekommen hatte, war sie der Panzergruppe von Generaloberst Guderian eingegliedert worden. Mir blieb nichts anderes übrig, als meine Einheit einzuholen. So machte ich mich zusammen mit dem Tross der Nachzügler, der vor allem Versorgung transportierte, auf den Weg Richtung Moskau. Zu Fuß oder mit Ross und Schlitten bewegten wir uns voran: An Beschilderungen an Straßen- oder Weggabelungen lasen wir ab, in welche Richtung die Einheiten unterwegs waren.

Bereits um den 10. Oktober herum war der erste Schnee gefallen, im November sank das Thermometer innerhalb weniger Tage auf minus 50 Grad. Nun hatten wir neben den Russen noch einen weiteren Feind, der sich „General Winter" nannte. Wir hatten ausschließlich Sommerbekleidung dabei, und jeder musste zusehen, wie er sich etwas Warmes besorgen konnte. Ich nahm einem toten Russen die Hose und die Pelzmütze ab. Nach und nach ergatterte ich so noch weitere Kleidungsstücke: Letztendlich trug ich insgesamt fünf Hosen am Körper, die mich vor der klirrenden Kälte schützten.

Die Russen waren uns in dieser Hinsicht überlegen, sie besaßen ausreichend Winterausrüstung und hatten auch sonst zum Gegenangriff geblasen. Die Situation hatte sich gewendet. Hitlers Wahnvorstellung, bis zum Wintereinbruch die Russen besiegt zu haben, kostete unzähligen Menschen sinnlos das Leben.

Kaum hatte ich meine Einheit Ende November eingeholt, kam es zum Rückzug. Wir befanden uns im Großraum von Tula, ungefähr 200 Kilometer vor Moskau. Wir hatten große Verluste an Soldaten und Fahrzeugen erlitten. Die Stimmung war schlecht. Erst als es hieß, dass wir neue Sturmgeschützpanzer bekommen würden, keimte ein wenig Hoffnung auf. Die sieben neuen Panzer, die wir an einem Bahnhof, den Namen des Ortes habe ich vergessen, abholen sollten, standen bereits seit drei Tagen in der Kälte herum. Wie sollten wir bei diesen Temperaturen die Fahrzeuge starten? Alles war zu Eis erstarrt, und wir durften keine Zeit verlieren. Ankurbeln konnte ich vergessen, das würde nicht funktionieren. Als Panzerwart musste ich mir etwas einfallen lassen. Ich ordnete sofort an, Holz zu besorgen und dafür auch Holzhütten abzubrechen. Die Hütten waren bewohnt, aber angesichts unserer Situation konnten wir nicht anders. Die Menschen, die in den ohnehin armseligen Unterkünften hausten, wurden obdachlos. Krieg kennt keine Gnade. Außerdem ließ ich die Gummirollen der Panzer auf beiden Seiten mit Schnee eindämmen. Kaum war das Holz da, schichteten wir es in der Mitte unter dem Fahrzeug und zündeten es an. Bis wir das erste Fahrzeug in Gang gebracht hatten, verging ein ganzer Tag. Es war frustrierend. Bis der letzte der sieben Panzer startklar war, hatten uns die russischen Truppen fast eingeholt. Noch knapp einen Kilometer waren sie von uns entfernt. Wir machten uns, so schnell es ging, auf und davon. Im Transportzug, auf dem die Panzer hierher gebracht worden waren, befanden sich auch Soldaten, die weiter an irgendeine Front fahren sollten. Sie fuhren nirgends mehr hin. Sie waren alle erfroren.

Auf dem Rückzug, es ging langsam auf Weihnachten zu, sammelten wir tote Kameraden auf, die im Kampf gegen die Russen gefallen waren. Begraben, besser gesagt mit Schnee überdeckt, haben wir sie dann in einem Städtchen nicht allzu weit von Maloarchangelsk entfernt, das liegt zwischen Orel und Kursk. Den Namen des Ortes habe ich vergessen. Wir verbrachten einige Tage dort. Täglich passierten Wagen und Schlitten den Ort, alle hatten sie tote Kameraden im Gepäck. Wir luden sie ab und improvisierten eine notdürftige Totenmesse.

Wir fuhren dann zurück bis Maloarchangelsk. Da bekamen wir den Befehl: „Hier bleibt die Front stehen! Hier leben oder sterben!"

Das nannte man Stellungskrieg. Zu diesem Zeitpunkt war aber klar, dass wir den Krieg verlieren werden: Die ganze Welt war gegen uns, das hatte auch ich als „kleiner Mann" mitbekommen. Wir waren noch nicht lange in der Stadt, da kam ein SS-Offizier zu unserem Chef und sagte, dass er zwei Sturmgeschütze bräuchte. Als er ihm diese gewährte, hieß es auch: „Raffeiner, Sie fahren mit!" Mir schwante, dass der Einsatz eine heikle Angelegenheit werden würde. Schon zweimal war ich dabei gewesen, als wir die SS aus einer misslichen Lage befreien mussten. Ich hatte so meine Erfahrungen gemacht und die SS-Leute als draufgängerische, häufig kopflose Typen erlebt. Das wusste wohl auch unser Chef, denn er mahnte uns umzukehren, falls die Lage aussichtslos gewesen wäre. Hier galt für unsere Truppe, die aus zwei Panzern und mit dem SS-Offizier aus neun Personen bestand, Augen und Ohren offen zu halten und das eigene Hirn zu benutzen. Blindes Draufgängertum war nicht unsere Sache. Wir brachen auf, und nach ungefähr 20 Kilometern kamen wir zu einem kleinen Gehöft. Der SS-Mann war sehr verschwiegen, wir wussten nicht, was uns erwartete. Selbst unser Leutnant war nicht informiert, er befand sich auf demselben Panzer wie ich. Bei einer kleinen Kolchose warteten 30 mit weißer Kleidung getarnte SS-Leute auf uns, die ebenso viele Pferdeschlitten, sogenannte Panjeschlitten, organisiert hatten. Am Abend erfuhren wir von den Soldaten, dass ihre SS-Einheit von den Russen eingeschlossen worden war und wir sie herausholen sollten. Es handelte sich um eine Einheit der SS-Division „Großdeutschland", die Namenstreifen an den Ärmeln hatten mich damals glauben gemacht. Wie ich aber erst kürzlich erfuhr, hatte diese Division zwar diese speziellen Streifen an den Ärmeln wie die SS, „Großdeutschland" war aber eine Infanteriedivision der Wehrmacht und auch an zahlreichen Kriegsverbrechen beteiligt. Damals war ich aber wie gesagt überzeugt, dass wir es mit der SS zu tun hatten.

Im Morgengrauen ging es los, bei eisigen minus 50 Grad: voraus der Panzer, in der Mitte die 30 Schlitten mit Verpflegung, Waffen und Munition. Der zweite Panzer fuhr hinterher. Nach etwa zwanzig Kilometern kamen wir auf ein kleines Hochplateau. Unterhalb gelegen auf unserer Rechten sahen wir das Städtchen Russkij Brod, oberhalb auf unserer Linken bemerkten wir russische Posten. Außerdem beobachteten wir, dass die SS unten in der Stadt in eine Schießerei verwickelt war. Zur Unterstützung feuerten wir mit unseren Geschützen ein paarmal auf Russkij Brod hinunter.

Auf unserer weiteren Fahrt glaubten wir, direkt vor uns Russen entdeckt zu haben, die in Stellung lagen. Ich sollte meine Maschinenpistole herrichten, aber diese war unbrauchbar, weil sie eingefroren war. Die Schlitten schwärmten aus, wir waren auf ungefähr 300 Meter herangekommen. Noch war kein Schuss gefallen. Erleichtert stellten wir fest, dass wir tief eingeschneite Panzersperren für liegende Soldaten gehalten hatten.

Am Ende des Plateaus befand sich eine steile Böschung von etwa 35 Grad, darunter lag ein kleines Dorf. Trotz der Steilheit kamen wir sicher unten an. Wir waren am Stützpunkt angekommen, hier hatte sich der Tross der Division „Großdeutschland" gesammelt. Es war der 22. Dezember 1941, zwei Tage vor Heiligabend. Wir erfuhren, dass die Einheit nur mehr 170 Mann zählte und nur zwei Maschinengewehre besaß. Nun ging es Schlag auf Schlag: Am Vormittag vertrieben wir die russischen Soldaten aus dem ersten Dorf und versorgten unsere Leute mit Verpflegung, Maschinengewehren und Munition. Am Nachmittag wiederholte sich dieselbe Aktion im nächsten Dorf. Am Morgen darauf waren die Russen aber wieder da, sie kamen wie die Ameisen.

Langsam ging uns die Versorgung aus, vor allem der Treibstoff. Wir mussten fürchten, gar nicht mehr zu unserer Truppe zurückkommen zu können. Am Tag vor Weihnachten sagte unser Leutnant zu dem Offizier der Division, von dem ich damals glaubte, dass er der

SS angehörte: „Wenn Sie uns bis morgen nicht ein Fass Benzin besorgen können, hauen wir ab." Und tatsächlich schafften sie es über Nacht zwischen den russischen Posten hindurch den Treibstoff zu besorgen. Wir nahmen das Benzin, aber trotzdem hieß es: „Wir hauen ab, die Russen überrumpeln uns!" Da standen wir vor dem Problem, wie wir mit den schweren Panzern im Schnee den Steilhang wieder hinaufkommen sollten. Erst einmal mussten wir die Dunkelheit abwarten. Um 14 Uhr wurde es schon langsam düster, und wir konnten mit unserem Abgang beginnen. Die Front war bereits auf etwa einen halben Kilometer herangerückt, und die Zeit drängte. Mit großer Mühe bekamen wir den ersten Panzer hinauf. Der Schnee war noch hart, und der Panzer brach zum Glück nicht ein. Den zweiten zogen wir mithilfe des ersten Panzers an Abschleppseilen und Ketten hoch. Er brach zwar ein, aber der erste Panzer konnte ihn hochziehen. Es war mittlerweile 23 Uhr am Heiligen Abend. Wir bekamen den Befehl, das Dorf anzuzünden: Kriegstaktik der „verbrannten Erde" nannte sich das. Alles sollte zerstört werden, was wir nicht halten konnten. „Zu Hause wird der Mesner in diesen Augenblicken die Kerzen für die Christmette anzünden, und wir zünden mit unseren Fackeln unschuldigen Menschen ihre Hütten an!" Dieser Gedanke schoss mir dabei durch den Kopf. Aber Befehl war Befehl. Bei extremen Minusgraden wurden die Leute obdachlos. Das war unser Weihnachten. Doch Zeit für lange sentimentale Überlegungen gab es im Krieg ohnehin nicht. Wir mussten schauen, dass wir selbst heil herauskämen. Hätten die Russen vor unseren Sturmgeschützen nicht solche Angst gehabt, wäre es für sie ein Leichtes gewesen, uns ganz einzukesseln, und wir wären verloren gewesen.

Zum Glück kamen wir gut durch, und gegen fünf Uhr früh erreichten wir endlich ein Dorf, in dem wir etwas verschnaufen konnten. Einige mussten mit erfrorenen Zehen zum nächstgelegenen Lazarett weitertransportiert werden. Dies blieb mir erspart, denn ich war neben dem Panzer hergelaufen und hatte dabei ständig die Zehen in den Schuhen bewegt. Wir rumpelten wieder einmal in die Hütten und legten uns erschöpft auf den Boden, um ein wenig auszuruhen. Es war nicht das erste Mal, dass wir uns „unangemeldet" in den bewohnten Hütten breitmachten. Die russischen Frauen, Kinder und Alten darin mussten uns ertragen. Was blieb ihnen auch anderes übrig? Nur einmal zeigte uns eine russische Frau mit ihrem Verhalten, dass ihr unser Eindringen nicht passte. Immer wieder spuckte sie auf das Stroh am Lehmboden, auf dem wir schlafen wollten. Ein Offizier meiner Einheit, ich weiß seinen Namen nicht mehr, forderte sie mehrmals auf, damit aufzuhören. Als sie trotzdem weitermachte, warf er sie aus der Hütte. Draußen herrschten bis zu 50 Grad minus.

In den Holzhütten gab es häufig kleine einfache Holzkamine, die je nach Jahreszeit auch nur mit Steppengras befeuert wurden. Der Ofen spendete für unsere Truppe häufig zu wenig Wärme. Deshalb schürten wir mit allem, was wir finden konnten, nach. So manches Mal kam es auch vor, dass wir damit die ganze Holzhütte in Brand setzten und aus der Behausung flüchten mussten. Wir waren nun mal keine Heiligen. Auf dem Vormarsch nicht und schon gar nicht jetzt beim Rückzug. Vor allem dann nicht, wenn wir Hunger hatten und unsere „Fresskiste" mit Verpflegung auffüllen mussten, weil unsere eigene Verpflegung bei Weitem nicht reichte. Dann mussten wir uns etwas „organisieren", wie wir damals sagten. Einmal überfielen wir ein kleines Dorf und schlachteten Hennen, Enten und anderes Vieh. Wir drangen in die Hütten ein, beuteten die Keller aus und suchten im Lehmboden nach Spuren von vergrabenem Essen. Was sollten die Dorfbewohner auch machen? Es waren ja nur Frauen, Kinder und Alte – die Männer waren im Einsatz. Natürlich haben sie geweint, wenn wir ihnen das Vieh weggenommen haben. Schuldgefühle hatte ich aber keine. In dieser Welt war das normal, das war kein Verbrechen, auch wenn das in der heutigen

Welt nicht verstanden wird. Das war Krieg, das gehörte dazu, es ging ums Überleben.

Zurück zu unserem Rückzug: Es war der erste Weihnachtstag. Unser Leutnant kam nicht zur Ruhe: Er stieg mit ein paar Männern in einen der beiden Panzer und suchte einen Fluchtweg, auf dem wir sicher wieder zu unserer Einheit zurückkehren konnten. Er wusste, die Sache konnte brenzlig werden. Die Männer der Division „Großdeutschland" würden sich notfalls aus dem Staub machen, auf die konnten wir uns nicht verlassen. Der Leutnant war weg und kehrte auch nicht mehr zurück. Wir wurden nach einer kurzen Rast gegen sieben Uhr mit den Worten „Alarm, die Russen kommen!" geweckt. Wir sahen noch die letzten vermeintlichen SS-Leute mit ihren Schlitten verschwinden. Wir waren vier Mann und standen mit unserem Panzer allein da. Der Ranghöchste unter uns war ein Unteroffizier, er übernahm jetzt das Kommando. Wir saßen auf und fuhren los. Es war eine unbeschreibliche Kälte, und außerdem fegte ein Schneesturm durch die Gegend. Wir sahen in dem Schneegestöber so gut wie gar nichts. Plötzlich wurde aus dem Wald heraus geschossen, wir kehrten um, fuhren in eine andere Richtung, und wieder schossen die Russen auf uns. So tanzten wir den ganzen Vormittag orientierungslos herum. Wir wurden langsam alle nervös, wir saßen in der Falle. Gerade als ein russisches Flugzeug uns bombardieren wollte, wurde der Schneesturm derart heftig, dass man absolut nichts mehr sah. Wir konnten keinen Meter weiter und mussten stehen bleiben. Über uns kreiste das Flugzeug. Wir bekamen Panik, schnauzten uns gegenseitig an und waren überzeugt, dass das jetzt das Ende war. Nach einer Weile verzog sich der Sturm, und ich entdeckte vor uns einen Kirchturm in der weißen Landschaft. Ich versuchte die Stimmung zu beruhigen und fragte den Ladekanonier, er hieß Ros, ob er sich nicht auch erinnern konnte, dass wir an diesem Kirchturm schon vorbeigefahren waren. Er bestätigte dies. Nun wandte ich mich an alle drei. „Hört, wir müssen jetzt zusammenhalten, sonst sind wir verloren!", begann ich. „Wir müssen bis zur Kirche hinüberfahren und dann nach links, ich erinnere mich genau." Der Unteroffizier glaubte uns jedoch nicht. Das Ganze endete in heillosem Gebrüll und einer unbeschreiblichen Aufregung. Plötzlich riss Ros dem Unteroffizier mit der Pistole im Anschlag den Kopfhörer mit dem Befehlsmikrofon herunter und schrie: „Wir übernehmen jetzt das Kommando!" Sogleich gaben wir den Befehl an den Fahrer, unsere Worte überschlugen sich förmlich: „Rüber zur Kirche und dann links!" Er fuhr los, bei der Kirche schwenkte er nach links und fuhr weiter. Im Schnee entdeckten wir unsere Panzerspuren. Gott sei Dank! Wir hatten uns nicht getäuscht. Ich ließ anhalten. Daraufhin wandte ich mich an den Unteroffizier und sagte: „Herr Unteroffizier, reichen wir uns die Hand und vergessen wir das, was vorgefallen ist!" Der Unteroffizier reichte uns die Hand, und wir steckten unsere Pistolen wieder weg und fuhren weiter. Hätte der Offizier sich geweigert, mit uns Frieden zu schließen, wäre er nicht lebend davongekommen. Was Ros und ich uns erlaubt hatten, war mehr als nur Befehlsverweigerung, und dies hätte schwerwiegende Folgen gehabt. Der Offizier hielt aber sein Wort. So kamen wir unversehrt zu unserer Einheit zurück. Diese hatte schon nicht mehr mit unserer Rückkehr gerechnet.

Ende einer Freundschaft

Zurück in Maloarchangelsk feierten wir in einer russischen Hütte ein verspätetes Weihnachtsfest. Die russischen Bewohner der Hütte konnten daran nicht teilhaben, da sie Weihnachten erst im Januar feiern. Ros, der immer seine Ziehharmonika dabeihatte, spielte „Stille Nacht", und eine Bescherung gab es auch. Sogar Weihnachtspost war für uns gekommen – als Geschenk hatte ich ein Stilettmesser und ein Feuerzeug erhalten. Wir beschenkten uns quasi selbst: Bereits im November war ein Berliner in seine Heimatstadt gefahren, um unsere „Weihnachtsgeschenke" rechtzeitig zu besorgen. Wir verbrachten eine erheiternde Stunde, als es wieder einmal hieß: „Auf, auf, die Russen kommen!" Die Wirklichkeit hatte uns eingeholt. Wir mussten erneut zum Einsatz, es galt die Front zu verteidigen. Hitlers Befehl lautete: Stellung halten um jeden Preis. Das bedeutete, dass man eher sterben sollte, als eroberten Boden wieder herzugeben.

Es waren unglaublich harte Tage. Jede halbe Stunde kamen Flugzeuge, die Bomben abwarfen. Die berüchtigte Stalinorgel war Tag und Nacht gegen uns im Einsatz. Katjuscha, so bezeichneten die Russen die Stalinorgel, war ein schwenkbarer, auf Lastwagen montierter Raketenwerfer mit knapp 40 Abschüssen, die unmittelbar nacheinander erfolgen konnten. Beim Abfeuern der Raketen entstand jedes Mal ein heulendes Geräusch. Rund um die Uhr jede halbe Stunde waren wir dieser Höllenmaschine mit ihrer Sprengkraft ausgesetzt. Dazu kam noch der trostlose, bitterkalte Winter. Unser aller Nerven waren am Boden. Unsere Ängste, unser Leid betäubten wir mit Alkohol. Ich trank in dieser Zeit jeden Abend einen ganzen Liter Schnaps, um das Erlebte besser verkraften zu können. Denke ich an damals, muss ich zugeben: Wir waren keine Menschen mehr.

Ein weiterer Befehl Hitlers lautete, dass keine Gefangenen gemacht werden durften. Gefangene mussten an Ort und Stelle umgebracht werden. Im besten Fall sollte dafür keine Munition verschwendet werden. Einmal in diesen Tagen kam ich selbst in eine solche heikle Situation. Ein Feldwebel sagte nämlich zu mir: „Raffeiner kommen Sie mit!" Wir sollten einige russische Gefangene „erledigen". „Herr Feldwebel, wenn Sie mir den Befehl geben, muss ich wohl gehen", so meine Antwort. Dabei betonte ich das „muss" und schaute ihm ernst in die Augen. Er hatte verstanden und suchte sich zu meinem Glück einen anderen. Wenn er darauf bestanden hätte, hätte es für mich kein Ausweichen gegeben. Befehlsverweigerung, so hieß es, würde mit dem Tod bestraft. Kurz darauf sah ich, wie eine russische Hütte samt den darin befindlichen Gefangenen in Flammen aufging. Ich war zutiefst erleichtert, dass ich von dieser schrecklichen Aufgabe verschont geblieben war.

Bei den Gewalttaten, in die man selbst nicht verwickelt war, konnte man wegschauen. Erst wenn man persönlich damit konfrontiert war, wurde es in einem „lebendig", und man hat darüber nachgedacht, wie man sich entscheiden soll.

Am Neujahrstag 1942 rief unser Vorgesetzter, den Namen des Leutnants habe ich vergessen, jeden Einzelnen zu sich, um mit einem Gläschen Schnaps ein gutes neues Jahr zu wünschen. Als er es mir überreichte, war nur mehr die Hälfte des Inhalts drin, so sehr zitterten seine Hände. Nicht nur die Kälte war daran schuld: Er war auch gezeichnet von der Angst und der Belastung des Krieges.

In den ersten Januartagen brach in unserer Gruppe Flecktyphus aus. Auslöser für diese Krankheit waren Läuse. Unsere Gruppe: das waren acht Kameraden, mit denen ich auf engem Raum in einer Hütte hauste, die eher die Bezeichnung Höhle verdient hätte. Die Erkrankten wurden weggebracht, und wir mussten acht Tage in Quarantäne bleiben. Es war wirklich ein scheußliches Gefühl, wenn nachts, begleitet vom unheimlichen Geheul der Stalinorgeln, auch noch Bomben von den feindlichen Flugzeugen fielen und wir eingesperrt dem Schicksal ausgeliefert waren! Während der Angriffe suchten wir zusammengekauert in Ecken Schutz, mit den Händen versuchten wir den Kopf zu schützen. Einmal steckte ich meinen Kopf sogar ins Ofenloch: In Gefahr versucht der Mensch eben zuerst seinen Kopf zu schützen. Dieses Bild hätte ich selbst gern gesehen.

Ein verpflichtender Zeitvertreib, der war tatsächlich befohlen, war das Entfernen und Abmurksen unserer Läuse. Dabei kam ich auf die Idee, sie zu zählen. Zwar bekam ich selbst keinen Flecktyphus, die Zahl blieb mir trotzdem unvergessen: 366, genauso viele Tage wie ein Schaltjahr.

Diese Plagegeister hatten uns in Maloarchangelsk bei einer anderen Gelegenheit auch amüsante Momente beschert. Franzl Müller, ein guter Freund von mir, war für die Justierung der Sturmgeschütze zuständig. Deshalb nannten wir ihn auch „Waffengott". Franzl hatte ein optisches Gerät der Russen erbeutet. Damit experimentierten wir herum und entdeckten, dass sich mit einer von hinten beleuchteten Linse ein Diabild projizieren ließe. Leider hatten wir keine Bilder. Die Idee ließ uns aber nicht los. Was hatten wir sonst noch, das wir präsentieren konnten? Unsere Wahl fiel schließlich auf etwas, das jeder von uns reichlich hatte.

Wir suchten zwei kleine Glasscheiben, machten aus gekautem Brot einen geschlossenen Rand um die eine Scheibe, legten unsere „Darstellungsobjekte" darauf und drückten die zweite Scheibe vorsichtig auf den Brotrand. Dann betrachteten wir unser Diabild. Es sah wirklich beeindruckend aus. Daraufhin verkündeten wir, dass es heute einen kulturellen Abend mit Lichtbildvortrag geben würde. Was wir zeigen würden, das verrieten wir nicht. Indes spannten wir in einem Raum ein weißes Leintuch an die Wand und organisierten als Sitzgelegenheit Bretter und Kisten. Es kam der

Abend. Bis auf die Diensthabenden kamen alle, sogar die Offiziere. Als wir den „Diaprojektor" in Betrieb nahmen, war die Überraschung groß. Was das unbeschreibliche Gelächter auslöste? Läuse,
die jeden von uns zur Genüge schon gequält hatten. Unsere Zu-
schauer sahen, wie die überdimensional vergrößerten Läuse hin
und her krabbelten und zappelten. Die Soldaten konnten herzhaft
lachen, sie waren dankbar für diese Aufheiterung.

Nach der Quarantäne mussten wir sofort wieder in den Einsatz:
Wir fuhren in ein 30 Kilometer entferntes Dorf namens Maklaki.
Mit unseren zwei Panzern sollten wir drei Dörfer verteidigen: Maklaki, Livny und Droskovo. Maklaki war das zentrale Dorf dieser
drei Ortschaften und der Stützpunkt der Infanteriedivision. Von
Maloarchangelsk aus wurden wir mit Pferdeschlitten mit Verpflegung und Munition versorgt. Fast jede zweite Nacht bekamen wir
durch eine Leuchtrakete ein Zeichen zum Einsatz. Damit wussten
wir, in welches Dorf wir zu Hilfe eilen mussten. Den ganzen Winter
lang pendelten wir so zwischen den Dörfern hin und her. Hätten
die Russen auch nur mit wenigen Männern alle drei Dörfer gleichzeitig angegriffen, wären wir verloren gewesen.

Jede Nacht mussten wir Wache stehen. Der Rhythmus eines Tur-
nus war immer derselbe: eineinhalb Stunden Wache stehen, eine
Stunde schlafen und eineinhalb Stunden wiederum auf den Posten.
Bis zum nächsten Morgen. Geschlafen wurde den ganzen Winter
hindurch in den Klamotten samt Handgranate und allem Drum
und Dran. Manchmal kamen dann die Russen bis vor unsere Hütte, und wir lauschten hinter verrammelten Türen. Passiert ist allerdings nie etwas.

Einmal bekamen wir vom Oberleutnant den Auftrag, sein persönli-
ches Inventar nach Maklaki zu bringen, wo wir mit unseren Panzern stationiert waren. Das Dorf, in dem sich Hab und Gut des
Offiziers befand, war rund 15 Kilometer von Maklaki entfernt. Für
den Transport mussten wir einen Panjeschlitten nehmen. Aller-

dings äußerten wir unsere Bedenken, ob wir angesichts von Tages-
zeit und Kälte vor Anbruch der Dunkelheit ankommen würden.
„Ach, das schafft ihr schon!", so die lapidare Antwort des Oberleutnants. Daraufhin blieb uns, wir waren zu zweit, nichts anderes
übrig, als den Auftrag auszuführen. Also packten wir die Sachen
auf den Schlitten, spannten ein kleines Pferd davor, und dann fuhren wir los. Schon bald wurde das Pferd immer langsamer, und es
wurde zusehends dunkler. Die Kälte machte dem Pferd und uns
arg zu schaffen. Wir hatten die Zügel an das Schlittenhorn gebun-
den, wurden zusehends müder, und ich hörte regelrecht schon Or-
gelspiel und Glockengeläut. Es ist schwer zu erklären: Irgendwie
wurde alles ganz leicht, ich befand mich in einem Zustand der
Entrücktheit. Nun waren wir noch etwa 200 Meter vom Dorf entfernt. Inzwischen blieb das Pferd alle zehn Meter stehen. Es war
stockdunkel, als wir in Maklaki ankamen. Wir torkelten nur noch
in unsere Bude, die wir hier hatten, und waren fix und fertig. Wir
waren dem Erfrierungstod knapp entkommen. Das Pferd hingegen
hat nicht überlebt.

Langsam kam der Frühling. Es war März, die Temperaturen wurden
ein wenig milder, und wir waren immer noch in Maklaki. Unzähli-
ge tote Russen lagen herum, die den Kämpfen mit unserer Infanterie zum Opfer gefallen waren. Mit der Schneeschmelze wurden
auch Panjeschlitten sichtbar, die von den Deutschen auf der Flucht
zurückgelassen worden waren. Diese mussten wir ausgraben, vom
Schnee säubern und in Position bringen, um den Feind zu irritie-
ren. Die Russen sollten glauben, dass die Deutschen wieder zurückgekommen waren.

Russische Aufklärungsflugzeuge hatten die Schlitten bald entdeckt. Kurze Zeit später kamen die Russen mit Kampfflugzeugen
und bombardierten uns. Ich befand mich mit meinem Kollegen
Franz Müller gerade hinter einer Hütte, die nur aus einem Raum
bestand und auf zwei Seiten einen Ausgang hatte. Wir sahen das

Flugzeug kommen, beobachteten noch, wie die Bomben hintereinander fielen, und rannten durch die Hütte hindurch, während das Flugzeug über uns hinwegflog. Wir warfen uns in den auf dieser Seite soeben entstandenen Bombentrichter. Zugleich schlug auf der anderen Seite, wo wir gerade noch gestanden waren, die nächste Bombe ein. Die Splitter steckten überall in den Wänden der Hütte und waren über unsere Köpfe hinweggefegt. Wir hatten wieder einmal einen Schutzengel gehabt! Während ich meine Unversehrtheit kaum fassen konnte, fühlte ich einfach nur Dankbarkeit in meinem Innern. Es gab viele solche Situationen, in denen ich auf wundersame Weise heil davonkam. Ich besaß einen Rosenkranz, den ich nicht nur als Talisman bei mir trug.

Ende März 1942 kehrten wir nach Maloarchangelsk zurück. Gerade als wir dort ankamen, trafen wir einen großen Menschenauflauf auf dem Dorfplatz an. Drei Galgen waren in der Mitte des Platzes aufgestellt worden. Daneben standen drei Gefangene, sie sollten aufgehängt werden. Es waren Partisanen, eine Frau und zwei Männer. Nun erfuhren wir auch den Grund der Exekution: Der ganze Tross, die Nachschubabteilung meiner Einheit, war hier in Maloarchangelsk stationiert und immer wieder bombardiert worden. Diese Partisanen sollen den ganzen Winter hindurch den russischen Flugzeugen von den Dächern aus mit Lichtsignalen die Position unserer Einheit verraten haben. Die Vollstreckung ging beinahe wie ein Festakt vonstatten und diente als Abschreckung: Die Bevölkerung der Stadt musste zusehen, wie sich die Gefangenen gegenseitig lynchten. Zuerst legte einer der Männer der Frau die Schlinge um den Hals und schlug daraufhin den Schemel unter den Füßen weg. Dann wurde der Mann von seinem Kameraden aufgehängt. Die Exekution des letzten Mannes übernahm ein deutscher Soldat. Jedem der Gehängten wurde ein Schild um den Hals gehängt, auf dem auf Russisch geschrieben stand: „So enden Partisanen!"

Einige Zeit danach wurden wir zum Angriff auf Woronesch beordert, besser gesagt mussten wir darauf warten. Mit unserer Batterie und einer Fliegerabwehrstaffel waren wir vor Woronesch, nahe dem Fluss Don, in einem kleinen Dorf stationiert. Dort warteten wir auf weitere Befehle und kampfbereit auf russische Einheiten. Drei Wochen waren wir dort. Um uns die Langeweile zu vertreiben, lud jede Panzermannschaft abwechselnd die andere zum Essen ein. Ein anderes Mal inszenierten wir eine Beförderung: Unser Leutnant würdigte die Verdienste von ein, zwei Kameraden und „beförderte" sie in unser aller Anwesenheit. Wir amüsierten uns köstlich, mit welchem Ernst die Auserwählten ihre „Würdigung" entgegennahmen. Kurz darauf schenkten wir den „Beförderten" allerdings reinen Wein ein. Außerdem arrangierten wir auf Wunsch der weiblichen Dorfbevölkerung einen Fototermin. Wir hatten nämlich erfahren, dass sich die Mädchen gerne fotografieren lassen würden. Deshalb platzierten wir einen Tisch mit Blumen und Sitzbank vor einer Binsenwand mit Ein- und Ausgang. Über die Sitzgelegenheit spannten wir ein weißes Tuch. Was sich dahinter verbarg, konnten die Mädchen nicht sehen. Denn nachdem sich die ersten beiden gesetzt hatten und erwartungsvoll in die Kamera lachten, kippten wir einen Kübel mit Wasser über sie. Die beiden waren alles andere als erfreut darüber, doch als auch andere Mädchen von uns „getauft" wurden, amüsierten auch sie sich. So verbrachten wir einen schönen Nachmittag, bei dem auf beiden Seiten herzlich gelacht wurde. Wir machten gern Spaß, aber es kam nicht ein einziges Mal vor, dass sich jemand von meiner Panzertruppe an einem Mädchen verging. Unsere Vorgesetzten hatten uns auch vor den russischen Mädchen gewarnt: Nicht nur dass wir uns Krankheiten einfangen würden, betonten sie. Die russischen Frauen würden uns außerdem entmannen. Das saß.

Ich fuhr danach, es ging schon auf Sommer 1942 zu, in Richtung Heimat. Der Jahresurlaub wartete, den ich mir wahrlich verdient hatte. Über die Frontleitstelle Kursk kam ich zum Bahnhof in Ponyri. Von da an kam ich mit dem Zug weiter nach Südtirol. Der Jahresurlaub dauerte rund drei Wochen, mit Hin- und Rückfahrt war ich aber weit länger von meiner Einheit weg. Die Rückfahrt dauerte natürlich länger. Meine Eltern hatten zwar optiert, waren aber nicht abgewandert.

Ich hatte vom Bahnhof am Eingang des Schnalstals noch anderthalb Stunden Fußmarsch bis nach Hause. Unterwegs kehrte ich bei Neuratheis im Gasthaus ein. In der Wirtshausstube gab es eine erfreuliche Begegnung: Ich traf hier meinen besten Freund Bernhard Grüner. Die Wiedersehensfreude war auf beiden Seiten groß und der Empfang herzlich. Als wir etwas später das Lokal verließen, fragte er mich mit sichtlichem Interesse nach der Kriegssituation in Russland. Er war ein überzeugter Nazi und Funktionär beim VKS, dem Völkischen Kampfring Südtirol. Als Funktionär brauchte Bernhard nicht in den Krieg zu ziehen. Mit gespanntem Interesse lauschte er meinen Schilderungen. Ich wusste, dass er sich von mir nur Positives erwartete. Zuerst erzählte ich ihm also von der perfekten Organisation und dass es sogar Kinoabende und Weihnachtsgeschenke gab. Weil wir niemals Geheimnisse voreinander gehabt hatten, redete ich auch offen von meiner Überzeugung, dass wir den Krieg verlieren würden. Nachdem ich das gesagt hatte, fuhr er mich an. Wo wir denn hinkämen, schnauzte er mich an, wenn jeder so denken würde, schließlich ginge es um unsere Zukunft und um die unserer Nachkommen. Er wetterte auf mich los und hielt mir für den Rest des Weges einen emotional geladenen Vortrag über die NS-Ideologie. Eine plötzliche Kälte trat an die Stelle der herzlichen Wiedersehensfreude, ich spürte auflodernden Hass in seinen Worten. Es war, als hätte ich ihn persönlich zutiefst beleidigt. Ich entgegnete ihm lediglich, dass wir noch einmal darüber sprechen würden, falls ich den Krieg überleben sollte.

Im Dorf angekommen verließ er mich und redete während meines ganzen Urlaubs kein Wort mehr mit mir. Seine Haltung konnte sehr gefährlich für mich werden. Ein Soldat mit einer Einstellung, wie ich sie geäußert hatte, würde auf die anderen demoralisierend wirken: Das käme einem Verrat gleich. Derartiges würde mit Sicherheit mit dem Tode bestraft werden, dachte ich. Ich befürchtete, dass Bernhards Fanatismus stärker als unsere Freundschaft war und er vielleicht eine Meldung bei meiner Einheit machen würde. Ich war sehr beunruhigt und brach meinen Urlaub zwei Tage früher ab, um mit Bernhards Vater, der nach Lienz in Osttirol ausgewandert war, über den Vorfall mit Bernhard zu reden. Ich bat ihn eindringlich, seinem Sohn einen Brief zu schreiben und für mich ein gutes Wort einzulegen. Bernhards Vater war ein verständiger Mann, der mich gut leiden konnte und meine Bedenken ernst nahm. Er versprach, Bernhard zu schreiben.

Die folgenden Tage und Wochen verbrachte ich mit quälender Ungewissheit. Die Intervention von Bernhards Vater hatte ihre Wirkung aber nicht verfehlt, ich kam ungeschoren davon, und es war mir eine persönliche Lehre. Fanatismus kann die allerbeste Freundschaft zerstören!

Angriff auf Stalingrad

Bevor ich mich aus dem Urlaub zurückmeldete, besuchte ich in Ottnang in Oberösterreich eine Freundin, die mir Post und auch so manches Päckchen geschickt hatte. Sie hieß Frieda und hatte zusammen mit meiner Schwester die Ausbildung als Hebamme gemacht. Vor meinem Urlaub hatte sie mir eine Karte geschickt, dass sie von Berlin nach Ottnang versetzt worden war. Aus diesem Grund kam ich einen Tag zu spät zur Meldestelle in Kobel in der Nähe von Rosenheim. Ich versuchte meine Verspätung mit einem Fliegeralarm zu begründen. Mit meiner kleinen Lüge kam ich nicht durch, da man darüber hier Bescheid gewusst hätte. Ich wurde an einen anderen Beamten weitergeleitet, mit dem ich besser zurechtkam. Ich rückte eine Flasche Wein und ein paar Zigaretten heraus, und daraufhin waren meine Papiere wieder in Ordnung und die Sache erledigt. Mein Weg führte mich wieder zurück nach Russland, vorerst zur Frontleitstelle in Kursk. Dort erfuhr ich, dass meine Einheit schon weitergezogen war und inzwischen nicht mehr der Heeresgruppe Mitte, sondern einer anderen Heeresgruppe unterstellt war. Ich musste nun nach Süden Richtung Don. Auf der Vormarschstraße war bei jeder Abzweigung ein ganzer Schilderwald angebracht. Jede Einheit informierte über ihre Zielrichtung, alles war perfekt organisiert. An Mitfahrgelegenheit mangelte es auch nicht, die Straße war in beiden Richtungen stark befahren. Es war Ende Juli 1942, bei Zimljansk überquerte ich den Don. Über Bataisk und Salsk fuhr ich weiter in die Kalmückensteppe, nordwestlich des Kaspischen Meeres gelegen.

Ich war mit zwei fremden Kameraden in einem Lastwagen unterwegs. Wir fuhren die Rollstraße entlang. Vor Einbruch der Dunkelheit suchten wir uns in einem Feld einen Platz zum Übernachten. Dafür schaufelten wir uns eine Grube. Danach parkten wir zu unserem Schutz das mit Gräsern und Sonnenblumen getarnte Fahrzeug direkt über die Grube. Wir verbrachten eine ruhige Nacht, im Morgengrauen wurden wir jedoch von seltsamen Geräuschen geweckt. Der Puls beschleunigte sich, draußen war jemand! „Die Russen!", war mein erster Gedanke. Wir nahmen die Gewehre, und mit dem Daumen am Abzug kauerten wir gespannt in unserer Deckung. Die Geräusche ließen sich nicht einordnen. Wir warteten gespannt in unserer Grube, doch es passierte nichts. Weder Freund noch Feind machte sich bemerkbar. Vorsichtig krochen wir aus unserem Nachtlager und sahen Beine vor uns. Es waren die Beine von Kamelen. Unsere zur Tarnung verwendeten Sonnenblumen kauend, standen zwei Kamele vor uns! Unsere Anspannung wandelte sich in schallendes Gelächter. Wir befanden uns in der Kalmückensteppe: Hier gab es Kamele, die auch für Kriegszwecke eingesetzt wurden, speziell für den Transport von Nachschub an Waffen und Verpflegung. Die Viecher waren praktisch und genügsam, dennoch konnten sie nur begrenzt eingesetzt werden. Bis zur Front konnte man die Tiere nicht lassen, sie hätten mit ihrem Geschrei den Feind gewarnt. Bevor sie in verräterische Hörweite kamen, wurde der Transport angehalten und die Waren anderweitig weitergebracht.

Für mich ging die Fahrt weiter Richtung Astrachan, einer Stadt an der Wolga nördlich des Kaspischen Meeres. Es dauerte 16 Tage, bis ich meine Einheit irgendwo vor Astrachan im August 1942 erreichte. Es war inzwischen August 1942, und wir bereiteten uns auf den Angriff auf Stalingrad vor. Wenig später ging es los. Wir erreichten Ende August über Krasnomarskoje* die Wolga, an der Stalingrad liegt. Die Kämpfe um die Stadt hatten schon begonnen. Mit unseren Panzern schossen wir auf die Fabriken der Wolgainseln, der Inseln im Fluss, von denen aus die Russen uns be-

---

* Ort und Schreibweise konnten nicht verifiziert werden.

schossen. Gelegentlich riefen sie außerdem folgenden Spruch zu
uns herüber: „Kameraden, kommt zu uns herüber, bringt Kochgeschirr und Mantel mit!" Und: „Jetzt machen wir ein bisschen
Marschmusik!" Die Einladung dröhnte laut scheppernd und richtig unheimlich durchs Mikrofon. Daraufhin feuerten sie ihre Artil-
leriegeschütze ab, und uns wurde ganz anders zumute, als es um
uns herum nur so pfiff.
Es wurde geschossen und zerbombt, was das Zeug hielt. Es
herrschte Chaos. Mit unseren Panzern wurden wir hin und her ge-
scheucht, überall wurden wir als Verstärkung gebraucht. In dieser
Lage noch den Überblick darüber zu behalten, wo man sich gerade
aufhielt, war fast unmöglich. Anfang Oktober 1942 war bereits ein
Großteil Stalingrads in Schutt und Asche gelegt. Fabriken und
Häuser wurden dem Erdboden gleichgemacht, die Sprengwolken
lagen bleiern in der Luft und verdeckten die Sonne. Die 6. Armee
unter General Friedrich Paulus hatte die Stadt eingeschlossen, und
Hitler hatte befohlen, sie sollte ausgehungert werden.
Indirekt war auch unsere Sturmgeschützeinheit Paulus unterstellt.
Es war November 1942, und es lag schon Schnee. Wir bekamen
den Befehl, 80 Kilometer vor Stalingrad am Bahnhof von Kamenka
neue Panzer abzuholen. Es herrschte gerade eine Gefechtspause,
man hörte nur vereinzelt Schüsse. Es war, wie sich später herausstellte, die Ruhe vor dem Sturm. Insgesamt 35 Mann von unserer
Einheit, darunter auch ein Leutnant, sollten nach Kamenka fahren.
Mein Kamerad, Unteroffizier Franz Reichelt, gehörte auch zum
Trupp. Franz war Sudetendeutscher und wahrlich ein Pfundskerl,
einer, mit dem man „Pferde stehlen" konnte. Wir beide waren nur
zu zweit mit dem Werkstattwagen unterwegs, und da schien mir die
Gelegenheit günstig, uns nach den vergangenen Strapazen einmal
einen richtig netten Tag zu machen. Konkret wollte ich irgendwo
ein Hühnchen rupfen und es braten. Ich versuchte Franz eindringlich zu überreden, erst am nächsten Tag dem Trupp nachzufahren.

Er blieb aber stur und bestand darauf, dass wir mit den anderen fahren sollten.

So fuhren wir also nach Kamenka. Die Panzer standen schon bereit. Sie wurden aufgetankt, justiert und mit Munition bestückt, dann fuhren wir zu unserem Quartier. Es war richtig erholsam, einmal nicht inmitten des Bombenhagels zu sein und sich ein wenig ausruhen zu können. Diese Gemütlichkeit dauerte aber nicht lange an. Gegen Mitternacht hörten wir Schlitten vorbeifahren: Es waren, wie sich herausstellte, Ungarn. Wir hatten uns darüber noch keine Gedanken gemacht und versuchten weiterzuschlafen. Um fünf Uhr früh gab es dann Alarm: Die Russen waren durchgebrochen. Sie hatten sich aus unserem eisernen Ring um Stalingrad befreit! Wir saßen sofort auf unsere Panzer auf und fuhren Richtung Stalingrad auf die Front zu. Wir erreichten nach etwa 30 Kilometern einen Bahnhof, hinter dem ein freies Feld lag. Das Feld war übersät mit russischen T-34-Panzern, es war schwarz davon. Der Anblick dieses Panzertyps flößte jedem deutschen Soldaten Angst und Schrecken ein. Im Abstand von etwa zwanzig Metern rollte die kolossale Bedrohung auf uns zu. Der Leutnant, ein wackerer Typ, erteilte den Befehl zu schießen. Im Schutz der Bahnhofsgebäude schossen wir Granaten ab und schafften es damit tatsächlich, die Panzerhorde vorerst aufzuhalten. Es war ein Kampf David gegen Goliath: Unsere sieben Panzer gegen eine ganze Horde. Unser Vorteil lag darin, dass die Russen nicht wussten, ob sich hinter den Gebäuden eine zweite Front aufgebaut hatte, deshalb waren sie vorsichtig.

Wie wir erfuhren, hatten die Russen zur Gegenoffensive geblasen und die deutschen Truppen in Stalingrad eingekesselt. Von meiner Panzereinheit waren von insgesamt 500 Soldaten nur wir 35 Mann außerhalb des Ringes, der Rest war eingeschlossen. Wir hatten unfassbares Glück! Hätte Franz Reichelt am Vortag nicht so energisch darauf bestanden, dass wir mit den anderen rausfuhren, wären auch wir in dieser ausweglosen Situation gelandet. Ich mag mich wiederholen – aber ich hatte wieder einmal das Gefühl, dass mich eine höhere Kraft beschützt hatte.

Wir waren auf dem Rückzug: Tagsüber kämpften wir tapfer gegen die russische Übermacht und versuchten die Stellung zu halten. Nachts nutzten wir die Dunkelheit zum Rückzug. Es war mittlerweile Weihnachten geworden. An Heiligabend zog ich meine Krawatte an, die ich für feierliche Anlässe mitgenommen hatte. Denn trotz der fast schon ausweglosen Lage ließen wir es uns nicht nehmen, ein Weihnachtsfest, wenn auch nur kurz, zu organisieren. Wir hatten sogar einen Christbaum, den wir mit Papier schmückten, und ein paar Kekse.

Die Lage für uns wurde zunehmend brenzliger: Da half auch der Infanterienachschub wenig, der von unseren sieben Panzern unterstützt wurde. Jeder versuchte mittlerweile so schnell wie möglich wegzukommen. Weil unser Trupp nur an die 30 Mann zählte, musste ich den Ölwagen fahren. Der Anlasser des Wagens war kaputt, und wir hatten alles andere als Zeit, den Schaden zu beheben. Man konnte trotzdem damit fahren, allerdings brauchte es zum Anlassen des Fahrzeuges zwei Personen. Eine musste vorne kurbeln, die andere aufs Gaspedal drücken. Alle hatten sich aus dem Staub gemacht, ich stand plötzlich allein da. Wie sollte ich nun das Auto starten? Mein Puls stieg, die Russen kamen schon näher. Ich musste den Wagen irgendwie klarkriegen. Hastig nahm ich die Kurbel, steckte sie vorne an und kurbelte. Diese schlug zurück und traf mit enormer Wucht meinen rechten Arm. Er war gebrochen. Nun war das Schlamassel komplett. Alle Kameraden waren weg, ich hatte einen gebrochenen Arm, das Auto sprang nicht an, und der Feind befand sich schon fast vor meiner Nase. Ich nahm erst mal einen kräftigen Schluck Schnaps aus der Feldflasche. Plötzlich hörte ich eine Stimme: „Los, los, Raffeiner, steig ein, die Russen sind hinter uns her!" Es war ein Feldwebel, der auch auf den letzten Drücker daherkam.

„Ich habe mir den Arm gebrochen", schrie ich ihm entgegen.

„Steig ein und gib Gas, ich kurble", befahl der Feldwebel.

Der Wagen sprang an, und wir kamen noch im allerletzten Augenblick davon.

Nach zwei Tagen brachte man mich zur Sammelstelle für die Verwundeten, mein Arm war inzwischen ganz blau verfärbt. Erleichtert stieg ich in Politoskaja* in den Zug, der mich zuerst nach Lublin in Polen brachte. Ich hatte notdürftig einen Gips bekommen. Nach dem Aufenthalt in Lublin brachte man mich ins Kriegslazarett nach Mauer-Öhling in Niederösterreich. Mein Arm schmerzte zwar, aber ich war froh, dass ich nicht mehr mitten im Kriegsgetümmel war und mich auf der Fahrt ausruhen konnte. Als ich am 19. Januar 1943 in Mauer-Öhling ankam und mir mein Gips abgenommen wurde, fühlte ich mich richtig erlöst. Die Ärzte schüttelten ungläubig den Kopf. An der Innenseite meines Gipsverbandes hatten Läuse ein regelrechtes Straßennetz angelegt. Diese Mistviecher hatten mich die ganze Zeit gepeinigt!

---

* Ort und Schreibweise konnten nicht verifiziert werden.

Ruhe vor dem Sturm

Nach meiner Genesung kam ich am 28. März 1943 in die Panzerkaserne der Sturmgeschützersatzabteilung 200, meiner neuen Einheit, nach Schweinfurt am Main. Dort traf ich einige Kameraden, die auch in Russland verwundet worden waren. Nun begann eine wirklich schöne Zeit für mich. Ich fand Arbeit in der dortigen Werkstatt und bastelte mir ein Fahrrad zusammen. Das Gefährt verlieh mir ein Stück Freiheit, ich fühlte mich beinahe wie ein König. Am Wochenende machte ich damit Ausflüge und erkundete die Umgebung. Dabei hielt ich stets Ausschau, ob ich etwas zu futtern finden konnte. Es gab zwar Lebensmittelkarten, aber es ging eben knapp her. Häufig übernachtete ich auf einem Bauernhof, denn dort hatten die Leute am ehesten etwas übrig. Soldaten waren bei der Bevölkerung gut angesehen, und ich wurde überall freundlich aufgenommen. Bis zum 17. August 1943.

An diesem Tag war ich mit zwei anderen Kameraden zur sogenannten „Brandwache" eingeteilt worden. Das hieß, dass wir nach Brandbomben Ausschau halten sollten, die von Flugzeugen abgeworfen wurden. Wir befanden uns auf einem dreistöckigen Kasernengebäude im vorderen Teil des Kasernenareals, das ungefähr drei Quadratkilometer groß war. Ich war der Dienstälteste von uns dreien und hatte somit das Kommando. Auf einmal hörten wir Flugzeuge kommen. So etwas hatten wir noch nicht erlebt. Flugzeug an Flugzeug, der Himmel war übersät von Maschinen. Eine gigantische Flugzeugstaffel der Amerikaner flog über uns hinweg und bombardierte den Bahnhof und die nahe gelegene Kugellagerfabrik „Fichtel und Sachs". Angesichts der Verwüstung blieb einem fast der Atem weg. Dennoch schnauften wir auf, denn die Kasernen und wir waren verschont geblieben. Kurz darauf hörten wir noch einmal dieses bedrohliche Brummen in der Luft. Eine

zweite Staffel kam und begann das Kasernengelände zu bombardieren. Es sah so aus, als ob ein dunkler Teppich auf uns zuschwe-
ben würde. Gleichzeitig ging wieder das Geknatter der Fliegerab-
wehr los, die Flak wurde abgeschossen. Als im hinteren
Kasernenareal die ersten Bomben fielen, schrie ich sofort: „Run-
ter!" Es krachte ununterbrochen, wir stürzten die Treppe hinunter.
In diesem Moment schlug schon ein Volltreffer über uns ein. Wir
wurden regelrecht die Treppe hinuntergeschossen. Mein Vordermann wurde verwundet, der Kamerad hinter mir war tot. Ich kam
wie durch ein Wunder unverletzt davon.
Das Kasernengelände war durch die Bombardierung verwüstet
worden, es war ein schreckliches Bild. In der Garage eines Kaser-
nengebäudes fanden wir einen Wagen, den wir gerade noch flottbe-
kamen. Wir räumten die Trümmer aus dem Weg und fuhren hinaus
aufs Land in eine nahe gelegene Ortschaft, wo wir die Nacht verbrachten. In Schweinfurt hatte die Fliegerstaffel der US-Army in
dieser Nacht auch Phosphorbomben, also Brandbomben, abgeworfen. Viele Einwohner, so erzählte man uns, liefen wie brennende
Fackeln auf die Straße und schrien fürchterlich. In der Zeitung
stand nach dem Angriff geschrieben, dass an die tausend Flugzeuge Schweinfurt in zwei Wellen bombardiert hatten, das wären 500
pro Staffel gewesen. Allerdings entsprach diese Meldung nicht der
Wahrheit: Es waren, wie sich später herausstellte, viel weniger.
Nach dem Angriff auf Schweinfurt hieß es, dass die Sturmgeschützabteilung nach Dalherda in der Rhön kommen würde. Da
das Bergdorf in Hessen auf etwa 700 Meter Meereshöhe liegt und
der Weg hinauf überdurchschnittlich steil war, musste vorher aber
noch geklärt werden, ob die Versorgung klappen würde. So inspi-
zierten wir erst einmal das infrage kommende flache Gelände, das
rund 40 Quadratkilometer umfasste. Dalherda war ein geräumtes
Dorf, das ausschließlich dem Militär zur Verfügung stand und in
einer Stunde Fußmarsch vom darunterliegenden Ort Schmalnau

erreichbar war. Nachdem wir den Offizieren zugesichert hatten, dass die Versorgung auch im Winter klappen würde, siedelten wir uns hier oben an. Wir errichteten ein Ausbildungslager für Funklehrgänge, den Truppenübungsplatz „Wildflecken", und lebten hier recht zivilisiert in einem richtigen Haus. Meine Hauptaufgabe war die Instandhaltung und Reparatur der sechs Holzgaswagen. Diese Fahrzeuge funktionierten mit Holzgasantrieb. Ein Ofen am Wagen wurde mit viereckigen Holzklötzen befeuert, die auf der Ladefläche mitgeführt wurden. Die Wartung dieser Wagen war eine recht schmutzige Arbeit.

Obwohl wir uns mitten im Krieg befanden, verbrachten wir hier eine ruhige, fast friedliche Zeit. Samstag und Sonntag hatte ich immer frei, außerdem gab es 94 Stunden Urlaub, den ich verbrauchen konnte. Ich fuhr des Öfteren nach Innsbruck. Einmal fuhr ich nach Hause, um meine Skiausrüstung zu holen. Als bei meiner Rückkehr der Oberleutnant meine Skistöcke sah, sagte er, ich sollte sie ihm verkaufen. Das kam zwar nicht infrage, aber ich versprach, dass ich ihm welche besorgen konnte. „Gut", sagte er, „hoffentlich fahren Sie bald wieder in Urlaub!"

Darauf machte ich mein schriftliches Ansuchen um Urlaub, darin stand zu lesen: „Ich bitte die Kompanie um Urlaub, meine Mutter ist schwer krank." Als ich dem Oberleutnant das Gesuch zeigte, lächelte er und sagte: „Dann vergessen Sie mich nicht!"

Mein Urlaub wurde genehmigt, und der Urlaubsschein wurde auf der Wache ausgestellt. Ich wollte ihn samt Rückfahrschein gerade einstecken, als der Unteroffizier es sich anders überlegte und mir sagte, ich solle die Papiere am nächsten Morgen abholen. Am nächsten Tag war ich schon in Urlaubsstimmung. Ich wollte nicht eine Stunde zu Fuß zum Bahnhof hinunterlaufen. Deshalb bat ich einen Kollegen, mich mit dem Auto des Chefs zum Bahnhof zu fahren. Dort angekommen wünschte er mir noch einen schönen Urlaub und fuhr zurück. Ich studierte gerade den Zugfahrplan, als mir plötzlich einfiel, dass ich den Urlaubsschein und die Fahrkarten vergessen hatte. Ich rannte sofort ins Bahnhofsgebäude und verlangte ein dringendes Gespräch zum Truppenübungsplatz Dalherda. Auf diese Weise ließ ich meinem Kollegen ausrichten, dass er mir schnellstens meine Papiere mit dem Krad herunterbringen sollte, weil der Zug etwa in einer Viertelstunde abfahren würde. In letzter Sekunde kam mein Kollege tatsächlich dahergerauscht und drückte mir die Papiere in die Hand. Ich schaffte es gerade noch, mich in den letzten Waggon des schon wegfahrenden Zuges hinaufzuschwingen.

Nach meinem Urlaub kehrte ich mit einem Paar schöner, neuer Skistöcke zurück, die ich in einem Geschäft in Meran gekauft hatte. Sofort wurde ich in die Schreibstube gerufen. „Auweh", dachte ich mir, „jetzt gibt's ein Donnerwetter!" Meine Dreistigkeit bei Urlaubsantritt würde nicht unbestraft bleiben. Auf der Schreibstube hieß es: „Sofort zum Chef hinein!" Mit den Skistöcken in der Hand trat ich ein, stellte diese an seinem Schreibtisch ab und mit strenger Haltung und dem zackigen Gruß „Raffeiner meldet sich vom Urlaub zurück!" stand ich vor ihm. Der Oberleutnant schaute mich an und sagte lächelnd: „Na Raffeiner, so einen Urlaubfahrer, wie Sie einer sind, habe ich auch noch nicht erlebt: Erst meinen Wagen ohne Erlaubnis verwenden, dann den Urlaubsschein vergessen und über den Truppenübungsplatz einen Kradmelder bestellen, damit der Ihnen den Urlaubsschein bringt!" Damit wollte er mir beweisen, dass er über alles Bescheid wusste. Ich rechtfertigte mich damit, dass ich ihm sonst die Stöcke nicht hätte besorgen können. Lachend sagte er „schon gut" und drückte mir zwanzig Mark in die Hand. Ich wollte das Geld nicht annehmen, doch er bestand darauf und meinte, ich sollte damit ein Bier trinken.

Bald darauf kam der Spieß zu mir. Er war einer, der gerne einen zur Brust nahm, und fragte mich, ob ich ihm nicht ein Vorhängeschloss für seine Feldflasche besorgen konnte, weil ihm immer der

Schnaps gestohlen wurde. Es war zu dieser Zeit so gut wie gar nichts mehr zu bekommen. Denn während wir hier ein beinahe beschauliches Leben führten, wurden die Städte in Deutschland ständig bombardiert. Eine Woche später befand ich mich bereits wieder auf Urlaub in Südtirol und kehrte mit einem neuen Vorhängeschloss zurück. Der Feldwebel dankte es mir und spendierte am Abend einen Schnaps in geselliger Runde. Ganz allgemein herrschten im Lager zwischen den gewöhnlichen Soldaten und den Offizieren eine fast schon kameradschaftliche Stimmung und ein freundlicher Umgangston. Das sollte sich bald ändern.

So verstrich das Jahr 1943, im Januar 1944 wurde unsere Einheit nach Schieratz in Polen versetzt, das liegt rund 50 Kilometer südwestlich von Lodz. Die Stimmung kippte, es wurde wieder ganz dienstlich. Hier nahm ich meinen Jahresurlaub in Anspruch. Als ich aus dem Urlaub zurückkam, erfuhr ich, dass ich als Einziger der Sturmgeschützabteilung 200 nach Borna bei Leipzig versetzt würde. Dort wurde eine neue Ausbildungsabteilung errichtet, und ich sollte als Panzerwartausbildner eingesetzt werden. Bevor ich mich nach Borna aufmachte, schlug mir mein Kamerad und Freund Willi Heinze aus Hirschberg einen Gefallen vor. Willi war die rechte Hand des Oberleutnants und hatte so Zugriff auf mein Soldbuch, in dem neben meinen persönlichen Daten auch sämtliche Urlaube verzeichnet waren: Auf einem einzelnen Blatt auch der bereits genossene Jahresurlaub. Dieses Blatt wollte Willi herausnehmen und ein neues leeres Blatt einkleben: So konnte ich in Borna noch einmal einen Jahresurlaub bekommen, weil sie einen solchen im Soldbuch nicht mehr vorfinden würden. Mir war zwar nicht ganz wohl dabei, aber Willi machte die Sache perfekt. Sogar mit dem notwendigen Stempel hatte er das neue Blatt versehen. Das war sein Abschiedsgeschenk für mich.

Als ich nun im Juli 1944 in Borna ankam, wurde ich gleich gefragt: „Raffeiner, wann waren Sie das letzte Mal auf Urlaub?" „Vor

anderthalb Jahren", war meine Antwort. „Ich war einfach unab-
kömmlich, und jetzt wurde ich hierher nach Borna versetzt." Mir
war zwar etwas mulmig, aber ich musste da durch. Ein Blick in das
Büchlein bestätigte meine Aussage. „Sie fahren sofort auf Urlaub",
kam es im Befehlston zurück. „Gehen Sie in die Bekleidungskam-
mer, geben Sie dort Ihre Sachen ab, und um ein Uhr sind Sie weg!"
„Jawohl, Herr Leutnant", schmetterte ich zurück, und bald darauf
befand ich mich auf dem Weg nach Innsbruck zur Meldestelle für
alle Südtiroler. Der alte Feldwebel am Schreibtisch, der die Papiere
für die Fahrt über die Grenze ausstellte, kannte mich von meinen
vorherigen Urlauben. Als er mich sah, fragte er verdutzt: „Sie kommen erst jetzt? Sie hätten doch schon vor acht Tagen kommen sollen, weil Ihr Vater gestorben ist. Wir haben doch nach Schieratz
telegrafiert!"
In Schieratz hatte man mir vom Ableben meines 83-jährigen Vaters
nichts mitgeteilt, bei meiner neuen Einheit hatte man nichts davon
gewusst. So fuhr ich mit gedämpfter Freude nach Hause, war aber
trotzdem froh, dass ich wieder in die Heimat durfte und meiner
Mutter ein wenig beistehen konnte. Meine Schwester Maria, die
nicht abgewandert war, hatte sich nach Vaters Tod zusammen mit
unserer Mutter in einer kleinen Wohnung im Postgebäude von Karthaus einquartiert. Am Ende dieses Urlaubs ließ ich meinen Fotoapparat zu Hause, mit dem ich meine bisherigen Kriegserlebnisse
festgehalten hatte. Ich hatte ein unbestimmtes Gefühl, dass nun
härtere Zeiten auf mich zukommen würden.

Beschädigter Panzer mit Schuss in die Seite wird inspiziert. Nach der Kesselschlacht von Kiew, September 1941.

Immer wieder bleiben Panzer im Schlamm stecken. Einheimische und Kameraden schauen zu, links eine zerbombte Kirche. Bei Oster, September 1941.

Raffeiners Panzer „Yorck" ist in den Graben gestürzt, die Brücke hielt dem Gewicht nicht stand.

Deutsches Flugzeug hinter der Frontlinie. Ein General wurde zu einer Besprechung eingeflogen.

Auf dem Vormarsch von Kiew über Tschernigow (Ukraine), Gomel (Weißrussland) und Klinzy Richtung Brjansk (Russland). Die Deutschen hinterlassen eine Spur der Verwüstung. September 1941.

Ein von den Russen bombardiertes Benzinlager brennt vollständig aus. September 1941.

126

Das Leninhaus in Minsk nutzt die Wehrmacht als Verpflegungslager. Weißrussland, Anfang November 1941.

Auf dem Vormarsch Richtung Moskau finden die Soldaten in diesem Gemeindehaus einen Tresor, doch es sind nur Stempel drin. Russland, November 1941.

Die aufgrund der Kälte festgefrorenen Sturmgeschützpanzer konnten erst mit darunter entfachten Feuern startklar gemacht werden. Großraum Tula, Ende November 1941.

Einsegnung der Toten durch den Feldgeistlichen. Auf dem Rückzug von Moskau gab es keine Zeit für Beerdigungen. Die gefrorenen Leichen wurden aufeinandergestapelt und mit Schnee bedeckt. Dezember 1941.

Nach dem Rückzug von Moskau in Maloarchangelsk. Kameraden mit Panzer, Dezember 1941.

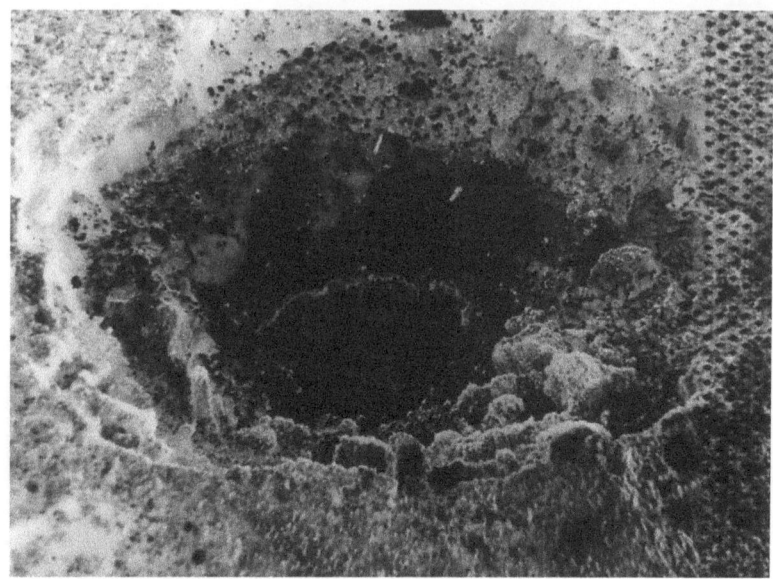

In diesem Bombentrichter fanden Raffeiner und ein Kamerad während eines russischen Bombardements Schutz. Maklaki, März 1942.

Quarantäne der Flecktyphuserkrankten in Maloarchangelsk. Anfang Januar 1942 verbrachte auch Raffeiner eine Woche dort, während die Rote Armee den Ort bombardierte. Maloarchangelsk, März 1942.

Luis Raffeiner mit russischer Bauernfamilie in einem Dorf oberhalb von Maloarchangelsk. März 1942.

Ein Dorf in der Nähe von Maloarchangelsk. Auf dem Boden liegt das Stroh, mit dem die Partisanen den Flugzeugen der Roten Armee signalisierten, wo Russen wohnen. Frühjahr 1942.

Die Kameraden Lothar Gladrow, Franz Müller und Franz Reichelt. Maloarchangelsk,
Frühjahr 1942.

Luis Raffeiner in der Uniform der
Sturmgeschützabteilung mit Totenkopf
am Revers und mit dem Band des
Kriegsverdienstordens zweiter Klasse.
Aufnahme eines russischen Fotografen
gegen Ende der Winterstellung.
Maklaki, März 1942.

Warten auf den Angriff auf Woronesch. Insgesamt drei Wochen ist Raffeiners Einheit hinter der Front stationiert und vertreibt sich die Zeit. Großraum Woronesch, April 1942.

Russische Mädchen freuen sich aufs Fotografiertwerden, doch auf sie wartet ein über ihnen versteckter Eimer Wasser.

Raffeiner und eine Bäuerin sitzen vor einem Unterschlupf und hören Radio.

Russische Bauern bestaunen das Radio. Raffeiner erinnert sich, dass gelegentlich auch „Schwarzsender", also verbotene Sender gehört wurden.

Raffeiner flickt seinem Kameraden die Hose. In der Wartestellung vor Woronesch sind sämtliche Panzer mit Stroh getarnt (Hintergrund).

Obergefreiter Raffeiner bei einer Übung. Großraum Woronesch, April 1942.

Auf Heimaturlaub in Karthaus. Luis Raffeiner in der Sturmgeschützuniform, sein Vater Josef, seine Mutter Aloisia und Schwester Maria. Juli 1942.

Raffeiner zeigt seinem Freund Karl Gurschler (vulgo Tanz-hauser-Karl, ehemaliger Kamerad beim italienischen Heer) das Verdienstkreuz zweiter Klasse. Gasthaus „Tanzhaus" in Unser Frau in Schnals, Juli 1942.

Luis Raffeiner auf einem Kamel in der Kalmückensteppe. August 1942.

In der Kalmückensteppe vor Stalingrad. Über eine Woche musste die Einheit auf die Reparatur eines Panzers warten. Raffeiner isst seine erste Melone. September 1942.

Raffeiner mit Kamerad Franz Biribauer aus Hall in Tirol vor dem Zelt „Villa Frieda". Der Bretterverschlag über dem Zelt schützte vor der nächtlichen Kälte. September 1942.

Raffeiner beim Abholen neuer Panzer am Bahnhof von Kamenka, 80 Kilometer vor Stalingrad. November 1942.

Heiliger Abend 1942. Raffeiner mit Krawatte und Kameraden bei der Weihnachtsfeier während des Rückzugs von Stalingrad.

Vom 19. Januar bis Ende März 1943 ist Raffeiner im Lazarett von Mauer-Öhling bei Amstetten (Niederösterreich). Hier bei der Entlassung am Bahnhof, Ende März 1943.

Besuch in Mauer-Öhling von Freundin Frieda Schander.

Raffeiner und ein Unteroffizier (Kamerad aus dem Russlandfeldzug) in der Werkstatt der Panzerkaserne Schweinfurt am Main. Links das von Raffeiner selbst zusammengebastelte Sachs-Leichtmotorrad. Frühjahr 1943.

Luis Raffeiner mit seinem Bruder Peter. Das Foto entstand während eines Heimaturlaubs in Meran während seiner Stationierung in Dalherda, 1943.

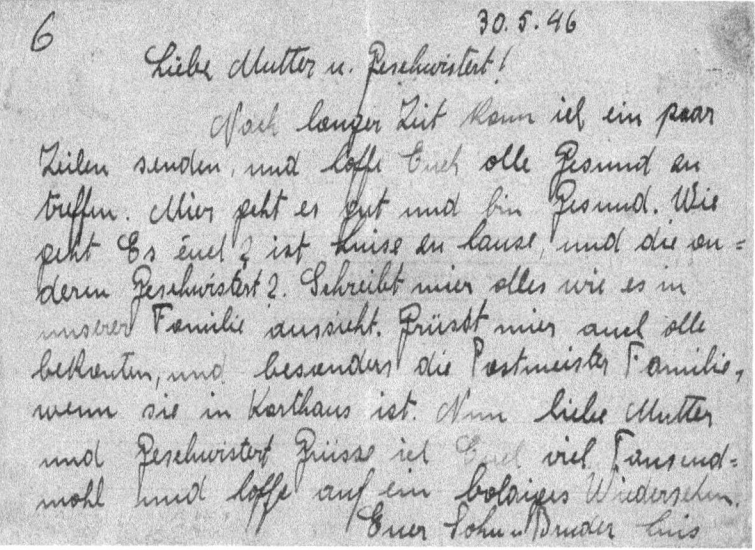

Postkarte aus der russischen Gefangenschaft in Hadachin (Georgien). Auf der Vorderseite war auf Russisch nur die Lagernummer des Roten Kreuzes vermerkt (333/2), die Verwandten wussten daher nicht, wo sich der Gefangene befand.

„Mir geht es gut und bin gesund." Aufgrund der Postzensur durfte die tatsächliche Lage nicht genannt werden. Postkarte aus der Gefangenschaft an seine Mutter und Geschwister. 30. Mai 1946.

„Renn, Raffeiner, der Krieg ist aus"

Nach meinem Aufenthalt in der Heimat fuhr ich im Herbst 1944 mit gemischten Gefühlen zurück nach Borna. Ich sollte hier meinen Dienst als Panzerwartausbildner antreten. So weit kam es aber nicht. Kaum angekommen musste ich die Sachen packen und mit dem Zug an die Ostfront weiterfahren. Allein und unter lauter fremden Kameraden fuhr ich nach Skarzysko-Kamienna, etwa 150 Kilometer südöstlich von Lodz. Ich sollte mich bei der Frontleitstelle melden. In der polnischen Stadt angekommen, stellte sich schon der Weg zur Frontleitstelle als lebensbedrohlich heraus. Zuerst hörte ich ein Brummen in der Luft, dann war das Flugzeug auch schon über mir. Gleich darauf wurde heruntergeschossen, ich warf mich auf den Boden und rollte zur Seite. Das Flugzeug drehte eine Runde, kehrte zurück, und das Geknatter ging erneut los. Das ging einige Male so, und ich erreichte halb rollend und halb laufend endlich die Frontleitstelle, wo ich mich für die Panzerjäger, Abteilung Sturmgeschütze, meldete. Wie es der Zufall wollte, war der Leutnant meiner neuen Einheit auch gerade da, und so konnte ich mit ihm mitfahren.

Die Fahrt verlief wortlos. Es war schon dunkel, als wir die Einheit auf Umwegen erreichten. Ich wurde als Neuankömmling eingetragen. Es blieb mir nicht einmal die Zeit, mich kurz umzusehen, schon musste ich an die vorderste Linie, hinunter in den Schützengraben, wo mir zur Begrüßung links und rechts die feindlichen Kugeln um die Ohren pfiffen. Wie ich mich in diesem Moment gefühlt habe, lässt sich schwer beschreiben. Monatelang hatte ich ohne Kampfeinsätze gelebt und war häufig in die Heimat gefahren. Abrupt wurde ich nun zu einer völlig neuen Einheit geschickt, um regelrecht in den Graben geworfen zu werden, umgeben von lauter

Unbekannten. Es blieb mir keine Zeit zur Orientierung, alles war fremd. Meine Moral war auf dem Nullpunkt, mir kam der Gedanke: „Jetzt hat das letzte Stündlein geschlagen." Nach einer Weile kam jemand und holte mich endlich aus dieser Situation heraus. Ich musste zum Glück einen Panzerfahrer ablösen, der sich im Lager weiter hinten einen Film ansehen durfte. Das war alles so unglaublich: Vorne tobte der Krieg, in dem sich Menschen gegenseitig umbrachten – und ein Stück weiter hinten wurden Filme vorgeführt. Für mich war es dennoch die Rettung, ich wäre im Schützengraben bald ein toter Mann gewesen.

Im September 1944 drängten uns die Russen allmählich immer weiter zurück. Den Winter verbrachten wir in der Nähe des Duklapasses an der polnisch-slowakischen Grenze. Neujahr feierten wir beim Dorfwirt in Nizna Polianka, wenige Kilometer hinter der slowakischen Grenze. Die Wirtsstube war ein Raum mit Lehmboden, wie in einem Ziegenstall. Es floss reichlich Schnaps, wir lachten und scherzten, es war sowieso alles egal, vielleicht war man morgen schon tot. Der Wirt war ein netter Kerl, und als wir gingen, weinte er. Wir Deutschen wurden von den Russen immer weiter zurückgedrängt. Über Mährisch-Ostrau im heutigen Tschechien ging es Richtung Oberschlesien. Über einen Pass gelangten wir in das Städtchen Jablunkau unweit der polnischen Grenze. Hier quartierten wir uns im Café Auschwitz ein. Der Wirt des Cafés war ein eingefleischter Nazi: Er hatte es aber bereits mit der Angst zu tun bekommen und war angeblich nach Österreich, in die Steiermark, geflüchtet. In seinem vornehmen Haus hausten und stöberten wir nach Herzenslust. Auf dem Dachboden fand ich einen Kochtopf samt Deckel und aufgesetztem Vogel. Das war eine Art Schnellkochtopf. Jetzt wollten wir wissen, welche Funktion der Vogel besaß, dessen Flügel sogar beweglich waren. Wir gingen in die Küche, setzten den Topf mit Wasser und Deckel auf den geheizten Herd und warteten nun gespannt, was passieren würde. Als das

Wasser im Topf kochte, begann der Vogel zu zwitschern, mit den Flügeln zu schlagen und mit dem Hinterteil zu wackeln. Alle Soldaten, die rund um den Herd standen, brachen in schallendes Gelächter aus. Es tat einfach gut, wieder einmal zu lachen. Es wirkte befreiend.

In der Stadt gab es auch eine Eisenhandlung, deren Besitzer ebenfalls das Weite gesucht hatte. Das war natürlich eine interessante Fundgrube: Ich zog die Läden des Geschäfts hoch und machte mich sogleich auf die Suche nach einer mit Petroleum funktionierenden Sturmlaterne. Mit mir waren noch ein weiteres Dutzend stöbernder Soldaten im Laden. Bald war der Inhalt sämtlicher Schubladen auf den Boden entleert, und die Sachen lagen einen halben Meter hoch im Laden herum. Nachdem ich eine Laterne gefunden hatte, begab ich mich mit einem Kollegen nach oben in das Schlafzimmer und entdeckte auf dem Nachttisch einen Wecker, den ich auch gebrauchen konnte. Das Schlafzimmer mit schönem Parkettboden und aufgezogenen Betten nahmen wir als Nachtquartier in Anspruch. In diesen Betten zu schlafen war sehr gemütlich, wir freuten uns unglaublich über diesen Luxus.

Bisher war es in Jablunkau eher ruhig zugegangen, nur ab und zu hörte man ein paar Schüsse. Eines Morgens war aber auch hier der Teufel los. Es gab ein schreckliches Trommelfeuer. Die Russen rückten unaufhaltsam vorwärts, und wir waren wieder gezwungen, schnellstens das Weite zu suchen. Es war Frühjahr 1945, und wir erreichten Olmütz. Hier blieben wir erst einmal und hielten die Stellung.

Es war der 9. Mai 1945 am frühen Morgen. Wir befanden uns in Mährisch-Sternberg, nördlich von Olmütz, und waren in Kämpfe verwickelt. Unsere Lage war miserabel. Wir hatten fast kein Benzin mehr. Um den wenigen noch verbliebenen Treibstoff für unsere restlichen Autos zu sparen, griffen wir zu ungewöhnlichen Maßnahmen. Wir montierten Eisenbahnschienen von den Geleisen ab und benutzten diese als Verbindungsstücke zwischen den Wagen. Das vorderste Auto, ein Kettenfahrzeug, diente als eine Art Zugmaschine, die restlichen Autos wurden mitgezogen. Abgesehen vom Benzin fehlten uns für unsere Autos auch Ersatzteile. An diesem Tag waren wir mit einem alten in Köln hergestellten Ford in Richtung Stellung unterwegs, als ich unterhalb der Straße einen ausgebrannten Wagen derselben Marke entdeckte. Einige Teile des Autos konnte ich gut gebrauchen, zumal an unserem Wagen hinten die Radbolzen völlig abgenutzt waren. Kaum in der Stellung angekommen, zog ich mir deshalb rasch meinen blauen Schlosseranzug an, setzte mich in den Reparaturwagen und fuhr ungefähr einen Kilometer zu dem verlassenen Fahrzeug zurück.

Ich war gerade damit beschäftigt, die Bremstrommel abzumontieren, als ein Panzer unserer Einheit an mir vorbeifuhr. Irgendjemand schrie mir etwas Unverständliches zu. Ich dachte mir dabei noch nichts. Schon kam der nächste Panzer daher. Das kam mir allerdings sonderbar vor. Dass es für uns nicht gerade gut stand, wussten alle, aber dass wir kapitulierten, konnte ich nicht glauben. Am Tag zuvor hatte unser Chef noch eine feurige Ansprache gehalten, der ein unglaublicher Begeisterungsjubel gefolgt war. Unter anderem hatte er gesagt: „Also Kameraden, wenn General Dönitz stattgegeben wird, dass die Westfront freigemacht wird, dann werden wir den Bolschewismus, den russischen Koloss, mit der deutschen Wehrmacht schlagen!" Mit solchen Visionen wurden wir konfrontiert. Das Feindbild, das man uns vermittelte, war stets die kommunistische Gefahr. Dass Hitler tot war, wussten wir zu diesem Zeitpunkt aber nicht. Auch nicht, dass der bisherige Oberbefehlshaber der Kriegsmarine Karl Dönitz seinen Platz als Reichspräsident eingenommen hatte und einen Teilfrieden mit den Westalliierten anstrebte, um die vorrückende Rote Armee in Deutschland zurückzudrängen.

An diesem Tag konnte ich deshalb nicht recht glauben, dass die Panzer, die vorbeifuhren, auf der Flucht waren. Als aber der dritte

Panzer vorbeikam und ein Kamerad herunterschrie „Raffeiner, renn, der Krieg ist aus", gab es keine Zweifel mehr. Nun wurde mir anders zumute. Ich lief um die Kurve, wo mein Fahrzeug stand und wollte rasch einsteigen. Es brannte. Jemand von unseren Leuten hatte es bereits angezündet. Auf dem Rückzug wurde stets alles vernichtet: jedes Haus, jedes Fahrzeug, einfach alles. Nun stand ich buchstäblich allein da und hatte nichts mehr. Der letzte Panzer war vorbeigefahren, obwohl sie mich gesehen hatten. Mir blieb also nichts anderes übrig, als zu Fuß zu laufen. Nach etwa drei Kilometern hatte ich meine Kameraden eingeholt. Es ging nichts mehr weiter, russische Panzersperren hatten den Weg verstellt. In diesem Getümmel kam plötzlich ein Auto angefahren. Irgendein Offizier stieg aus, holte eine Kiste aus dem Auto und verteilte die darin befindlichen Wehrpässe an die herbeigeeilten Soldaten. So erhielt ich auch meinen wieder zurück. Neben dem Dienstgrad, ich war zum Stabsgefreiten befördert worden, waren darin die persönlichen Daten samt Foto und auch die verschiedenen Einsatzorte eingetragen. Lange behielt ich ihn aber nicht: Als ich in Gefangenschaft geriet, verbrannte ich ihn.

Der Krieg war aus, nun musste jeder schauen, wie er davonkam. Es herrschte inzwischen das totale Chaos. Abertausende Soldaten befanden sich auf der Flucht. Ich tat mich mit einem Feldwebel zusammen. Wir fanden einen Jeep, stiegen ein und waren froh, zumindest so weit fahren zu können, solange der Sprit reichte. Wir befanden uns in einer unbeschreiblichen Staubwolke. Jeder versuchte sich sprichwörtlich aus dem Staub zu machen, und zwar so schnell wie möglich. Die einen mit einem ergatterten Fahrzeug, die anderen zu Pferd, teils mit Fuhrwerken oder rennend. Alles war in Bewegung. Was nicht mehr taugte oder hinderlich war, wurde stehen gelassen, weggeschmissen, zurückgelassen. Tote Tschechen lagen herum. Sie hatten eine Panzersperre aufgebaut, um den Ansturm der Flüchtenden aufzuhalten, es aber nicht geschafft. Unser

Ziel war es, bis zu den Amerikanern vorzudringen, wir wollten auf keinen Fall in russische Gefangenschaft kommen.

Im Morgengrauen fuhren wir durch ein kleines Städtchen, die Straße erinnerte mich an die Lauben in Meran: schmal und zu beiden Seiten von Häusern flankiert. Die Russen hatten in der Nacht die Stadt bombardiert, um den Deutschen die Flucht zu erschweren. Sie wollten schließlich Gefangene machen. Wenn die Russen uns das heimzahlen würden, was wir ihnen angetan hatten, dann gnade uns Gott, dachte ich mir. Zu beiden Seiten der Straße brannten Häuser. Brennende Balken stürzten herunter: Der Feldwebel saß am Steuer, er drückte aufs Gaspedal, und mit eingezogenen Köpfen rasten wir durch. Wir hatten unglaubliches Glück und kamen unversehrt durch.

Das nächste Hindernis war eine Anhöhe mit einem steil abfallenden Hang. Die darunterliegende Talsohle war eingehüllt in eine gigantische Staubwolke, aufgewirbelt von den unzähligen Flüchtenden und zugenebelt von den Rauchschwaden der brennenden Fahrzeuge. Wir warteten, bis die Sicht besser wurde, dann kutschierte uns der Feldwebel geradewegs den steilen, etwa 500 Meter langen Abhang hinunter. Die Fahrt mit dem Jeep endete dennoch bald, weil das Benzin aufgebraucht war. Jetzt ging es zu Fuß weiter. Leider hatten wir nicht dieselben Möglichkeiten wie unser Generalfeldmarschall Ferdinand Schörner. Er war stets ein gefürchteter General gewesen, aber nach verlorenem Krieg verhielt er sich wie ein feiger Hund. Er setzte sich in bayerischer Tracht mit einem Flugzeug ab und überließ die Soldaten seiner Heeresgruppe ihrem Schicksal. Seit dieser Aktion nannte man ihn nur noch den „bayerischen Seppl".

Uns dagegen begrüßte auf einer Anhöhe ein russischer Panzer. Ein russischer Offizier sagte zu uns, wir sollten die Waffen wegwerfen, wir könnten alle nach Hause gehen. Natürlich wollten wir nach Hause, und wir warfen auch die Waffen weg. Aber unsere Flucht schien langsam in eine Sackgasse zu führen. Immer öfter sahen wir bewaffnete tschechische Polizisten in Zivil den Flüchtlingsstrom flankieren. Bald standen sie in einem Abstand von 30 oder 40 Metern zu beiden Seiten. Von Olmütz bis zur Linie, wo die Amerikaner waren, waren es ungefähr 300 Kilometer. Wir hatten gehofft, bis dahin durchzukommen. Mittlerweile war das aber Wunschdenken. Der Feldwebel und ich trennten uns: Darin sahen wir die einzige Möglichkeit, uns bis zu den Amerikanern durchzuschlagen.

Ich versuchte vorerst etwas Proviant zu ergattern. Ich fand einen kleinen leeren Rucksack, dann stöberte ich in einem verlassenen Auto. Dort fand ich einen Laib Brot, eine Schachtel Streichkäse und ein Säckchen Mohn. Das war mein Marschproviant. An der nächsten Wegscheide blieb ich stehen und überlegte beklommen, welcher Weg mich wohl in die Freiheit führen könnte. Ob ich letztlich den linken oder rechten Weg wählte, kann ich nicht mehr sagen. Nur so viel weiß ich, dass ich kurz darauf bereits auf einen tschechischen Posten traf. Neben dem Weg lag ein Maisfeld, weiter hinten stand ein Haus. Als der Posten mich fragte, wohin ich wollte, antwortete ich ihm, dass ich aus dem Brunnen auf dem Feld Wasser trinken wollte. In der Meinung, schlau davongekommen zu sein, lief ich beim Brunnen dem nächsten Posten in die Arme. Ich holte mir Wasser aus dem Brunnen, da kam jemand aus dem nahe gelegenen Haus. Ein Mann in einem weißen Kittel kam auf mich zu. Er war recht unfreundlich, als ich ihn nach der gegenwärtigen Situation vor Ort befragen wollte. Als er aber erfuhr, dass ich Österreicher war, wandelte sich sein Gemüt, und er bat mich sogar auf einen Kaffee ins Haus. Ich fragte ihn nochmals zur gegenwärtigen Lage, weil wir an der Front überhaupt keine Informationen erhalten hatten. Da erzählte er mir, dass die Russen an der Oder-Neiße-Grenze waren, dass Berlin gefallen und dass Bayern wieder zum Freistaat geworden war. Außerdem sagte er, dass die Deutschen hier zum nahe gelegenen Flughafen in Deutschbrod gebracht würden und es überhaupt keine Chance gab durchzukommen, weil die Tschechen alles abgeriegelt hatten. Er gab mir dann eines der herumlaufenden Pferde und meinte, dass es das Beste war, wenn ich mich am Flughafen den Russen stellen würde. Ich nahm das Pferd, ließ es aber bald darauf laufen und stellte mich den Russen. Diese nahmen mir als Erstes meine Wenigkeiten, die ich bei mir trug, ab. Meine Uhr bekamen sie aber nicht, ich hatte sie wohlweislich unterm Futter meiner Mütze eingenäht. Diese Vorsorge sollte mir später das Leben retten.

„Die Toten tun uns nichts"

Ich war einer von rund 170.000 Mann, die hier in Deutschbrod gefangen waren. An organisierte Verpflegung war angesichts dieser enormen Menschenmenge nicht zu denken. Hätte ich geahnt, was auf mich zukommen würde, hätte ich das Säckchen Kleie, das ich bei einem Rundgang am Flughafen in einem Fiaker entdeckt hatte, nicht so achtlos liegen lassen. Später dachte ich mit großer Reue daran.

Es ging bald das Gerücht um, dass die Österreicher freikommen würden. Es gab sogar ein eigenes Komitee, und es wurde veranlasst, dass sie sich in Hundertschaften zu versammeln hatten. Aus den herumliegenden Flugzeugen wurden die Hakenkreuzfahnen herausgeholt: Daraus wurden rot-weiß-rote Fahnen gemacht, an einem Stock befestigt, und jede Hundertschaft bekam nun eine solche österreichische Fahne. Insgesamt waren an die 1.800 Österreicher im Gefangenenlager. Die Hundertschaften wurden in drei Kompanien aufgeteilt. Jede Kompanie legte den Russen eine Namensliste mit Herkunftsort und der Information vor, wohin jeder einzelne der Soldaten zu gehen gedenke. Wir mussten nicht lange warten. Die Russen erteilten meiner Kompanie, 500 Mann, die Genehmigung loszumarschieren. In Iglau verbrachten wir einen ganzen Tag auf einem Hang in der prallen Sonne. Ich teilte mir mein Brot sorgfältig in kleine Rationen ein, denn es gab keine Verpflegung. Wir kamen als Nächstes nach Brünn.

Es war schon Ende Mai, als ich mit meinem Kameraden Hans Bachlechner aus dem Osttiroler Defereggental in einem Granattrichter saß und wir darüber nachgrübelten, wie wir uns etwas zu essen beschaffen könnten. Er saß da und weinte, weil man ihm über Nacht seinen Laib Brot, den einzigen Essensvorrat, gestohlen hatte. Ich gab ihm von meinem spärlichen Vorrat, und wir vereinbarten, dass wir alles teilen und uns auch sonst gegenseitig helfen würden. Plötzlich fiel mein Auge auf ein Gebäude, das wie ein Lazarett aussah. Ich wusste, dass es dort sogenannte Teeküchen gab. Da drinnen konnte ich etwas Essbares finden. Vor dem Gebäude wachte ein russischer Posten – im geeigneten Moment schlich ich mich jedoch hinein. Das Lazarett war leer, und in der Teeküche fand ich außer ein paar Teebeutelchen nichts. Nun musste ich mich zurück zu meiner Kompanie beeilen, sonst wären sie ohne mich weitermarschiert. Plötzlich stieg mir der unverkennbare Geruch von gekeimten Kartoffeln in die Nase. Er kam vom Kellerschacht herauf, an dem ich gerade vorbeigegangen war. Ich hielt also meinen Kopf in den Schacht, wartete ein wenig, bis sich meine Augen an das Dunkel des Kellers gewöhnt hatten, und sah meine Vermutung bestätigt. Nun suchte ich mir schnell einen Behälter und ließ mich dann über die Kohlenrutsche in den Keller hinunter. Rasch klaubte ich ein paar schrumplige Kartoffeln in den kleinen zerbeulten Blechkübel und wäre beinahe nicht mehr aus dem hoch gelegenen Schachtloch herausgekommen. Nur unter größter Anstrengung konnte ich mich hochziehen.

Als ich zur Kompanie zurückkam, flüsterte ich Hans ins Ohr, dass er Feuer machen sollte. Er hatte glücklicherweise noch Streichhölzer, die er in einer Folie verpackt hatte. Jeder Gefangene trug neben Kochgeschirr, in der Regel eine Blechdose, auch ein kleines Bündel Reisig bei sich. Hatte man etwas Essbares gefunden, konnte man es sofort kochen, ohne Aufsehen zu erregen. Zubereitung und Verzehr erfolgt so unauffällig wie möglich, um sich vor Mundraub zu schützen. Hans machte ein bescheidenes Feuerchen, ich schichtete drei Kartoffeln mit ein wenig Wasser in die Büchse, und voller Vorfreude warteten wir auf die Mahlzeit. Nach der kleinen Stärkung kam auch schon der Befehl zum Weitermarschieren.

Wir kamen bald durch ein Waldstück, neben dem ein Bach floss, über den in Abständen immer wieder kleine Brücken führten.

Mein Kumpel Hans und ich beschlossen, uns von der Kompanie abzusondern und uns allein durch die Wälder zu schlagen. Dadurch erhofften wir uns eher die Freiheit zu erlangen. Zu unserem Pech kam uns ein russischer Posten in die Quere, der eine andere Kompanie begleitet hatte und sich auf dem Rückweg befand. Er hatte ein Maschinengewehr bei sich und forderte uns auf, stehen zu bleiben. Danach säckelte er uns aus, fand aber nichts. Als ich bemerkte, dass er sein Maschinengewehr in Anschlag nahm, um uns zu erschießen, schrie ich verzweifelt mit abwehrenden Händen: „Stoi pan!" Das bedeutete „Halt Mann". Ich hatte doch etwas, was wir für unser Leben eintauschen konnten. Im Innenfutter meiner Hose hatte ich ein neues Nagelpflegeetui eingenäht. Also fingerte ich dieses Etui aus der Hose. Der Russe hatte inzwischen sein Maschinengewehr abgelegt. Ich zeigte ihm die nagelneuen Teile und deren Funktion. Der Russe fand sichtlich Gefallen daran, gab uns beiden einen kräftigen Tritt in den Hintern und ließ uns laufen. Wäre er ein Schwein gewesen, hätte er uns dennoch umgebracht. Unser Leben hing diesmal an einem Nageletui und dem Augenblick einer menschlichen Regung.

Mit größter Vorsicht pirschten wir uns bis zur nächsten Brücke voran, unter der wir uns erst einmal versteckten. Wir hatten beschlossen, auf die nächste österreichische Kompanie zu warten. Als sie kam, stellten wir uns dem Feldwebel vor und baten ihn, uns mitzunehmen. Dieser zog eine Liste heraus, kontrollierte unsere Namen und nahm uns auf. Wir hatten Glück, denn dieser Feldwebel war ein schlauer Bursche. Unterwegs hieß er uns am Fuße eines Hügels Platz nehmen und erklärte uns seinen Plan. Er war überzeugt, dass wir nicht in die Freiheit entlassen, sondern nach Russland verschleppt werden würden. Zudem kannte er sich in der Gegend gut aus und wusste, dass bis zur Stadt Lundenburg an der Grenze zu Niederösterreich alle Brücken zerstört waren. Er wollte uns in die Freiheit führen: Dafür verlangte er Disziplin von uns, das hieß ordentlich marschieren mit hochgehaltener österreichischer Fahne an der Spitze unserer Gruppe, und wenn er den Befehl gab, im Paradeschritt aufzutreten. Wenn die Russen uns unterwegs aufhielten, würde er ihnen erklären, dass er den Auftrag hatte, die Kompanie von Brünn nach Wien zum Arbeitseinsatz zu führen. Bis zur österreichischen Grenze waren drei Tage Gewaltmarsch zu bewältigen. Immer wieder blieb jemand entkräftet entlang dem Weg zurück. Am späten Abend des zweiten Tages, an dem es auch noch zu allem Überfluss regnete, suchten wir in einer Ziegelei Unterschlupf. Hans und ich konnten gerade so viel trockenes Holz für ein Feuer vor dem Regen retten, um uns in unserer Konservenbüchse die letzten drei Kartoffeln zu kochen. Damit waren unsere letzten Essensvorräte aufgebraucht. Nach einer kurzen Erholungspause mussten wir um zwei Uhr nachts weitermarschieren. Vor dem Aufbruch erklärte uns der Feldwebel, dass wir bei diesem letzten Gewaltmarsch durch Lundenburg marschieren mussten. Es gab keinen anderen Weg. Der Feldwebel machte uns Mut, dass wir es schaffen und noch heute in die Freiheit gelangen würden.

Hunger und die Strapazen der letzten Zeit zehrten dermaßen an den Kräften, dass ich mich nicht imstande fühlte, ohne Essen diesen bevorstehenden Kraftakt zu bewältigen. So kurz vor der Freiheit war das ein quälender Gedanke. Ich hatte das Gefühl, dem Ende nahe zu sein.

In der Früh des entscheidenden Tages, so gegen sechs oder sieben Uhr, kamen wir durch ein kleines Dorf. Ich musste mir hier unbedingt etwas zu essen besorgen, sonst war es aus mit mir. Ich hatte noch meine Uhr, eingenäht in meine Mütze. Ich rannte mit meiner Uhr in der Hand in ein Haus hinein, zeigte sie den Leuten und gestikulierte mit der anderen Hand in Richtung Mund. Sie verstanden, dass ich sie gegen Essen eintauschen wollte. Der Mann riss den Küchenschrank auf, holte einen Laib Brot mit einem Durchmesser von etwa 40 Zentimetern heraus und kam auf mich zu. Da fuhr seine Frau dazwischen, riss dem Mann den Brotlaib aus der Hand und gab mir stattdessen ein viel kleineres Stück Brot. Der Mann hatte im Gegensatz zu seiner Frau ein gütiges Herz, griff in das obere Regal und drückte mir noch rasch ein Stück Speck in die Hand. Das alles spielte sich in kürzester Zeit ab. Mit einem Dankesruf auf den Lippen stürmte ich zur Tür hinaus und schnaufend meiner Kompanie hinterher. Nun hatten Hans und ich wenigstens wieder ein paar Bissen, um den Tag zu überstehen.

Vormittags gegen zehn Uhr am 20. Mai 1945, es war Pfingstsonntag, erreichten wir endlich Lundenburg. Der Ort war voll von russischen Soldaten. Wir marschierten parademäßig durch die Straßen: Fahne voraus, auf Befehl Augen links oder rechts, wenn ein russischer Offizier zu grüßen war. Es war richtig anstrengend. Es hielt uns niemand an, wir erweckten demnach einen organisierten Eindruck. Wir kamen zur ersten Brücke, die über die Thaya führte. Dort stand ein russischer Posten, der Papiere verlangte. Deshalb schwenkten wir links ab und gelangten zur zweiten Brücke, an der wiederum ein Posten stand. Bei der dritten, es war die Postbrücke, erklärte unser Feldwebel schon im Anmarsch auf Russisch, dass wir den Auftrag hätten, nach Wien zu marschieren. Der Posten rief: „Davai!" und ließ uns passieren. Wir überquerten den Fluss und marschierten ununterbrochen weiter. Es war mittlerweile 14 Uhr geworden, und es waren noch fünf Kilometer bis zur Grenze. Weil dort garantiert russische Grenzposten waren, schlugen wir einen Feldweg ein und kamen marschierend in das erste österreichische Dorf Bernhardsthal. Kurz vorher hatten wir ein Hinweisschild passiert, dass Mistelbach bei Wien 30 Kilometer entfernt lag. Wir marschierten ordentlich mit der Fahne an der Spitze durch das Dorf und mussten feststellen, dass dieses vollkommen in russischer Hand war. Einheimische trugen weiße Armbinden. Gegen 17 Uhr, wir hatten das Dorf ungescholten durchquert und befanden uns auf freiem Feld, machten wir endlich die erste Pause. Der Feldwebel mahnte uns, dass wir uns hier nicht lange aufhalten sollten, das war zu gefährlich. Außerdem riet er uns weder nach Salzburg noch nach Wien zu gehen und mindestens zu zweit, aber maximal zu fünft zu marschieren. Der Feldwebel war ein Pfundskerl, abschließend gab er auch noch Hinweise, wie wir uns an den Sternbildern am Nachthimmel orientieren konnten.

Als der Feldwebel uns gerade die letzten Anhaltspunkte gab, hörten wir Geräusche. Es waren an die 40 tschechische Polizisten, die auf klapprigen Fahrrädern daherrollten. Mit den Gewehren im Anschlag befahlen sie uns, die Hände hochzunehmen und fragten nach dem Führer der Truppe. Unser Feldwebel meldete sich sogleich und erklärte hartnäckig, er hätte die Aufgabe, uns nach Wien zu bringen. Aber es half nichts: Wir mussten zurück nach Bernhardthal. Dort wurde unser Feldwebel über eine Stunde lang von den Russen in die Mangel genommen, wie er uns später berichtete. Wir bettelten inzwischen bei der einheimischen Bevölkerung um etwas Essbares. Ich werde die Gutherzigkeit dieser Leute nie vergessen. Die letzten eingemachten Büchsen und Vorräte holten sie für uns aus dem Keller. Die Familie, bei der ich bettelte, stellte noch rasch einen Saukessel voll Kartoffeln auf, und wir konnten uns nach Langem wieder einmal satt essen.

Dann kam auch schon der uns bekannte russische Befehl zum Aufbruch, und wir mussten den Weg, der uns beinahe in die Freiheit geführt hätte, wieder zurückgehen. Um Mitternacht waren wir in Lundenburg angekommen. Gerne hätten wir uns hier ausgeruht, wir waren vom Regen durchnässt. Stattdessen bekamen wir ein paar kräftige Arschtritte und mussten noch drei Stunden weitermarschieren. Es hatte zwar aufgehört zu regnen, wir waren aber nass bis auf die Haut. Die Nacht war kalt, und wir bekamen schlimmen Schüttelfrost. Um drei Uhr in dieser Nacht kamen wir in ein Städtchen. Wenn wir jetzt kein trockenes Plätzchen fanden, dann gingen wir drauf, das war uns klar. Sogleich machten wir uns auf die Suche. Bald entdeckten wir ein stattliches Gebäude mit Arkaden, das erst vor Tagen abgebrannt sein musste. In das Gebäude führten Stufen hinab, überall kauerten Soldaten. Wir sahen etwas tiefer unten einen kleinen Lichtschein. Wir arbeiteten uns vor, stiegen über die Körper der Ruhenden und sahen auf einem Fenstersims eine Kerze stehen, die das Umfeld schwach erleuchtete. Überall lagen Soldaten wie die Heringe aneinandergereiht, es schien alles überfüllt zu sein. Da fiel unser Blick in eine Ecke, in der sich niemand befand. Wir steuerten auf das Plätzchen zu und entdeckten, dass sechs oder sieben verkohlte Leichen dort lagen. Ich sagte zu meinem Kameraden: „Du Hans, das sind nur verkohlte Leichen, die Toten tun uns nichts!" Daraufhin ebneten wir ihre Überreste ein wenig ein und legten uns in die noch warme Asche. So verbrachten wir dankbar die Nacht darin. Die Verbrannten retteten uns damals wahrscheinlich das Leben.

Reise in die Gefangenschaft

Unser Weg in die Gefangenschaft ging am nächsten Morgen um sieben Uhr weiter. Unterwegs hatten wir verschiedene Wächter, wir wurden sozusagen stafettenmäßig begleitet. Es gab nichts zu essen, wir waren alle mit unseren Kräften am Ende. Mein Freund Hans hatte eine Decke bei sich, die durch den Regen sehr schwer geworden war. Wir wollten sie aber auf keinen Fall zurücklassen. So besorgten wir uns einen Ast, über den wir die nasse Decke legten und den wir dann abwechselnd nachzogen. Immer wieder mussten wir uns auch gegenseitig stützen. Ich bemerkte, dass es dem Hans noch schlechter ging als mir, er hatte auch noch blutende Füße.

In Pressburg, dem heutigen Bratislava, machten wir halt. Wir wurden in die Fußballarena gebracht und sollten dort die Nacht verbringen. Es war unglaublich zugig, und wir waren alle nass. Ich wusste: Wenn ich nicht eine trockene Unterkunft finden würde, war das der sichere Tod für Hans, der immer apathischer wurde. Ich flehte ihn an durchzuhalten, während ich mich um ein trockenes Plätzchen für die Nacht umsehen würde. In gewissen Bereichen durfte man sich hier drinnen frei bewegen. Bald entdeckte ich hinter einem Bretterzaun eine künstliche Erderhöhung. Das musste ein Maschinengewehrposten gewesen sein, dachte ich mir. Ich versuchte dahinzukommen und musste deshalb durch einen dreckigen Kanal kriechen. Es war tatsächlich ein ehemaliger MG-Posten. Mit schwindenden Kräften buddelte ich den Dreck heraus, wühlte ein Loch in die Erde und riss dann vom Zaun ein paar Latten heraus, damit ich uns nachher ein Feuer machen konnte. Hans hatte noch Streichhölzer. Jetzt brauchte ich ihn nur noch zu holen. Ich fand Hans zusammengebrochen auf der Erde liegen. Weiter oben wurden bereits Gefangene erschossen, die ebenfalls völlig erschöpft auf dem Boden herumlagen. Ich sprach Hans an, er reagierte nicht darauf. Verzweifelt stieß ich ihm in die Rippen, riss ihn hoch und schrie ihn an: „Hans reiß dich zusammen, ich habe etwas für die Nacht gefunden." Er kam langsam zu sich, und mit letzten vereinten Kräften schafften wir es bis zu unserem Unterschlupf. Bald darauf knisterte ein wohltuendes Feuer. Den mitgeschleiften Ast platzierte ich quer über unseren Unterschlupf und legte die Decke darüber, damit sie trocknen konnte. Zugleich schützte sie uns vor der Nachtluft. Ich legte ständig etwas Holz nach, es regnete zum Glück nicht mehr. Schließlich schlief auch ich ein. Als ich am nächsten Morgen aufwachte, bemerkte ich, dass der Ärmel meines Mantels verbrannt war. Ich hatte im Schlaf nichts gemerkt. Hans hatte sich einigermaßen erholt und sagte, wenn ich ihm nicht geholfen hätte, wäre für ihn „Feierabend" gewesen. Er wäre wohl erschossen worden.

In Pressburg pferchte man uns in Viehwaggons, und wir wurden so über Budapest bis Focsani im Osten Rumäniens gebracht. Hier war ein Gefangenenlager, in dem deutsche Soldaten eingesperrt waren. Zigeuner empfingen uns mit ihren Streichinstrumenten, doch wir konnten dem Ganzen nichts abgewinnen, es interessierte uns nicht. Nach Focsani kamen wir über Bukarest bis Konstanza, einer rumänischen Hafenstadt direkt am Schwarzen Meer. Es war Sommer 1945. Die Waggons wurden auf den Geleisen einer schmalen Landzunge abgestellt. Zu beiden Seiten wurde dieser schmale Streifen vom Meer umspült. Auf der Landseite waren Posten aufgestellt. Fluchtmöglichkeiten gab es keine. Wir warteten nun auf unser weiteres Schicksal. Es war eine Affenhitze, Hunger hatten wir sowieso, aber der Durst war geradezu unerträglich. Die meisten Gefangenen hielten sich in einer Halle auf, weil es dort etwas kühler war. Ich war im Freien und grübelte, wie ich meinen unbeschreiblichen Durst stillen konnte. Hadern half niemandem, ich wollte mich einfach nicht dem Schicksal überlassen. Das war nicht meine Art. Mein Blick fiel auf einen gusseisernen Deckel im Boden. Schon vermutete ich etwas darunter, um die Waggons aufzutanken. Mit großer Mühe bekam ich den Deckel hoch: Darunter befand sich ein Raum von ungefähr zwei mal zwei Metern mit jeder Menge an Leitungen und Hähnen. Ich stieg hinunter, umfasste eine Leitung und spürte sofort die Kühle des Wassers. Ich drehte am Hahn dieser Leitung, und sogleich sprudelte mir frisches, kühles Wasser entgegen. Mit unbeschreiblichem Genuss stillte ich meinen Durst, wusch mich und kühlte meinen Körper. Dann stieg ich nach oben und holte Hans, damit er ebenfalls seinen Durst stillen konnte. Nach und nach kamen auch die anderen. Es sah aus wie ein Ameisenstrom, als einer nach dem anderen hinunter- und wieder hinaufstieg. Das Wasser spendete wieder Leben und Zuversicht. Wir blieben zwei Tage in Konstanza und konnten beobachten, wie rund um die Uhr ein riesiges Schiff beladen wurde. Kräne hievten alle möglichen Sachen an Bord: auch Stühle und andere Möbelstücke, einfach alles, was nicht niet- und nagelfest war. Die Sachen kamen aus Deutschland hierher und wurden verfrachtet. Als alles eingeladen war, mussten auch wir an Bord der Transsylvanya, so nämlich hieß der Frachter. Dann fuhren wir los.

Gemeinsam mit anderen Gefangenen verbrachten wir die Fahrt über das Schwarze Meer liegend in einem Bereich des Flures an Deck. Nicht weit von uns entfernt befand sich eine kleine Theke, von der aus Essen für die Offiziere abgeholt wurde. Hans und ich spitzten schon die ganze Zeit zur Theke und überlegten, wie wir selbst zu etwas Essbarem kommen könnten. Die Ausgabe ging dem Ende zu. Jetzt bat ich Hans, mir sein Kochgeschirr zu reichen, ich hatte ja nur mehr eine Konservenbüchse. Ganz langsam, immer am Boden bleibend, rückte ich näher an die Theke heran. Eine russische Frau verteilte an der Theke die Portionen. Als ich genau unter der Theke saß, blickte ich sie mit großen Augen an. Nachdem ich mich vergewissert hatte, dass die anderen Gefangenen mich nicht weiter beachteten, streckte ich ihr das Kochgeschirr hinauf. Ich bat sie auf Russisch um etwas zu essen. Sie sah mich an, nahm die Kelle und gab mir einen Schlag Suppe hinein. Ich dankte der Frau, natürlich ohne mich bemerkbar zu machen, und kehrte zu Hans zurück. Wir waren dankbar für die warme Suppe im Magen. Sie tat uns wohl und gab uns das Gefühl, wieder ein Weilchen überleben zu können.

Als ich mich ein anderes Mal an Deck nach Essbarem umsah, entdeckte ich ein paar zugedeckte Säcke. Ich lehnte mich ganz lässig daran, damit der Posten keinen Verdacht schöpfte. Dann tastete ich unauffällig die Säcke ab und bohrte mit meinem Finger ein kleines Loch hinein. Ganz langsam holte ich die runden, harten Kügelchen heraus und ließ sie in die Hosentasche gleiten. Es waren Erbsen. Allerdings schaffte ich nicht mehr als ein Dutzend dieser trockenen, harten Dinger am Stück zu verspeisen. Wie immer teilte ich sie mit Hans.

In Noworossijsk, einer russischen Hafenstadt in der Region Krasnodar, wurden wir ausgeschifft. Als wir die Stadt durchquerten, ließ uns die Bevölkerung ihren Hass spüren. Wir wurden angespuckt, und so mancher bekam zudem auch noch einen Tritt in den Hintern ab. Wir marschierten durch ein schmales Tal bergauf. Auf einem Hügel, von dem man nicht mehr auf die Stadt blicken konnte, hieß man uns hinsetzen. Wachposten wurden ringsum aufgestellt. Der Hunger machte sich ununterbrochen bemerkbar. Wir bekamen nichts zu essen. Wie immer hatten wir ein Bündel Reisig und Holz bei uns. Nur, wo sollten wir hier etwas Essbares herbekommen? Kein Haus war weit und breit zu sehen, rundum war nur Natur. Dabei fielen mir die vielen Haselnusssträucher auf. Da fiel mir ein, dass das ein beliebter Aufenthaltsort für Schnecken war. Ich zögerte nicht lange, setzte mich unter eine Staude und fing vorsichtig und so unauffällig wie möglich an, im Laub nach Schnecken zu wühlen. Hätten die anderen bemerkt, dass hier vielleicht Essbares zu finden war, hätten sie sich sofort darauf gestürzt. Ich fand tatsächlich zwei Schnecken. Diese brachte ich Hans. Ich kehrte zu den Sträuchern zurück und fand noch weitere sechs Stück, die ebenso heimlich in das Kochgeschirr wanderten. Leider beging Hans einen gravierenden Fehler. Er besaß ein wenig Salz und hatte die Schnecken schon während des Kochens gesalzen: Die Tiere waren dadurch zäh wie Leder geworden. Wir aßen sie trotzdem.

Wir rätselten, was man hier oben mit uns vorhatte. Und wir fürchteten dabei, dass man uns aushungern wollte, um uns dann zu erschießen. Am Nachmittag hieß es allerdings wieder: „Davai, davai!" Es ging zurück, hinunter nach Noworossijsk, wo wir in Viehwaggons verladen wurden. Bevor wir einstiegen, mussten wir aber sämtliche Fenster mit Stacheldraht vernageln. Dafür musste ich gemeinsam mit einem russischen Posten Holzlatten besorgen. Unterwegs kamen wir an einem erbärmlichen Magazin vorbei, auf dessen Rampe ich ein zertrümmertes Fass entdeckte, von dem eine dickliche weiße Masse ausfloss. Als wir auf dem Rückweg wieder daran vorbeikamen, sah ich eine Frau, die die ausgelaufene Masse aufsammelte. Ich bat sie, mir etwas davon abzugeben. Ich hielt meine Mütze hin, und sie haute eine Handvoll von dem ausgelaufenen Topfen hinein. Ich mag mich wiederholen, aber ich war über jede Art von Mahlzeit dankbar. Man kann es sich heute schwer vorstellen: Von ständigem Hunger geplagt, war die Beschaffung von Essen zu unser aller Lebensinhalt geworden.

Wir wurden wie die Sardinen in die Viehwaggons hineingepfercht. In der Mitte des Bodens war eine Öffnung von ungefähr 20 Quadratzentimetern, die als Latrine diente, so wurde von den Soldaten das stille Örtchen bezeichnet. Wer daneben liegen musste, hatte wahrlich nichts Gutes. Diese Erfahrung hatte ich auf der Fahrt von Pressburg nach Konstanza selbst auch schon gemacht. Wir lagen so dicht aneinander, dass ich immer wieder an den Rand der Latrine gedrückt wurde. Viele Gefangene hatten Durchfall, dieser Gestank und der Dreck, den man unweigerlich auch selbst abbekam, waren alles andere als angenehm.

Wir Gefangenen waren hier drinnen in drei Lagen untergebracht. Die untere Lage war der Boden des Waggons mit der Latrine in der Mitte, die oberen zwei Etagen bestanden aus Pritschen. Man konnte überall nur seitlings liegen, so eng war man eingepfercht, das Umdrehen war eine mühselige Angelegenheit und ging nur, wenn alle in der Reihe sich gleichzeitig auf dieselbe Seite legten. Während der Fahrt wäre nicht nur ich beinahe umgekommen. Die Pritschen samt Gefangenen darauf über meinem Platz wären einmal fast heruntergekracht, wenn ich den desolaten Zustand nicht bemerkt und durch rechtzeitiges Abstützen verhindert hätte.

Das Ziel unserer Fahrt war ein Gefangenenlager in der russischen Stadt Tuapse, etwa 130 Kilometer südlich von Noworossijsk am Schwarzen Meer gelegen. Wie lange unsere Reise dauerte, kann ich nicht sagen, aber sicherlich länger als eine Woche. Jedenfalls kamen wir am 13. August 1945 dort an.

Kampf ums Überleben

Im Vergleich zu den etwa 1.000 Insassen des Lagers waren wir noch geradezu „frisch". Die Gefangenen hier drinnen waren total apathisch, sie bewegten sich wie geistesabwesend durch das Lager. Außerdem waren sie unrasiert und hatten einen Ausschlag wie Aussätzige. Wir Neuankömmlinge wurden in einem merkwürdigen Raum untergebracht, der früher vielleicht zu Theaterzwecken verwendet wurde. Eine Art Drehbühne ließ darauf schließen. Einige schliefen dort oben auf Bretterpritschen, der Rest unten im Raum. Nicht einmal Stroh gab es auf den dreckigen, harten Pritschen, und wenn man abends in den Raum kam, hörte man die Wanzen rascheln. Nachts fielen diese kleinen Ungeheuer dann über die erschöpften und ausgezehrten Körper der Gefangenen her, um sich ihre Blutmahlzeit zu holen. Manche blieben davon verschont, mein Blut schien ihnen aber besonders gut zu schmecken. Am Morgen sah ich dann fast so aus wie ein Mongole, so sehr war mein Gesicht angeschwollen.

Wir mussten im Steinbruch arbeiten und Holz schlagen. Die anstrengende Arbeit und die Mangelernährung zehrten an den ausgemergelten Körpern, viele lagen vor Erschöpfung auf dem bloßen Erdboden herum. Es regnete, der Boden war feucht, die Kraft war bei vielen am Ende. Jeden Morgen zählte ich acht bis zehn Tote, die weggekarrt und verscharrt wurden. Ich rechnete mir schon aus, wann es auch mich treffen würde. Nicht nur der Hunger und die Erschöpfung waren schuld am Tod. Der kalte, feuchte Boden gab vielen den Rest. Ich wollte nicht tatenlos auf mein Ende warten und musste mir etwas einfallen lassen. Deshalb kratzte ich mit einem Nagel den Mörtel einer Ziegelmauer weg, um an Ziegelsteine zu kommen. Es gelang mir. Ich stapelte drei Stück übereinander und hatte von nun an eine trockene Sitzgelegenheit – nachts schlief ich sitzend darauf. Fünf Wochen lang schlief ich auf diese unbequeme Weise. Morgens beim Aufstehen war ich ganz starr, und mir wurde beim Aufstehen jedes Mal schwindelig.

Einmal, ich war gerade für Holzarbeiten eingeteilt, verletzte mir ein Rumäne mit einem Holzprügel einen Finger, sodass ich einige Tage im Lager bleiben durfte. Das war eine willkommene Arbeitspause, in der ich mich ein wenig erholen konnte. Nach meiner Genesung musste ich am Hafen von Tuapse mit anpacken, eine Mauer zu errichten. Der Boden war bereits gefroren, und täglich mussten wir barfuß zur Arbeit gehen. Über kurz oder lang war das fatal. So grübelte ich, wie ich mir Schuhwerk besorgen könnte. Mit einem Beil, das ich mir von einem Russen lieh, hackte ich zwei Holzbrettchen zu Sohlen zurecht. Aus einem Gummischlauch zupfte ich mir so viele Fäden heraus, dass ich mir damit zwei Schlaufen flechten konnte. Mit zurechtgebogenen Drahtklammern befestigte ich diese an den Sohlen. So besaß ich wenigstens so etwas wie Sandalen und musste nicht mehr barfuß laufen. Somit konnte ich meine Füße wenigstens vor dem direkten Kontakt mit dem eiskalten Boden schützen.

Eines Tages, es ging schon auf den Winter 1945 zu, wurden die paar Österreicher im Lager zusammengeholt und in zwei Gruppen aufgeteilt. Mein Freund Hans gehörte zur Gruppe von Gefangenen, die sich in sehr schlechter körperlicher Verfassung befanden. Deshalb wurden sie aus der Gefangenschaft entlassen. Hier trennten sich unsere Wege, denn ich wurde mit den restlichen Österreichern in Richtung türkische Grenze verlegt. Unser Ziel war das Gefangenenlager Nr. 333/2 in Hadachin im Kaukasus, südlich des höchsten Berges Russlands, des Elbrus.

Wir wurden in offenen Lastwagen transportiert, zu essen gab es nichts. Unterwegs hielt das Fahrzeug einmal unter einem wilden Birnbaum. Ich stieg aufs Dach der Fahrerkabine, um das Obst besser zu erreichen, und stopfte sämtliche Taschen meiner Kleidung damit voll. Wie ich wieder herunten war, hatte man mir die meisten schon wieder herausgeklaut. Die Früchte waren zwar sauer, dass es einem den Mund verzog, dennoch waren sie eine willkommene Nahrung.

Als wir im Oktober 1945 am Bestimmungsort ankamen, gab es nicht wie erhofft etwas zu essen für uns. Nein, wir wurden stattdessen gleich zum Bahnhof gebracht, auf dem wir erst einmal Ziegel abladen mussten. Die Ziegel wurden über eine Art Rutsche befördert, die vom Zug zum Boden hin verlief. Es traf ausgerechnet mich, diese vom Boden aufzuheben und weiterzureichen. Die anderen konnten stehend die Ziegel weitergeben, aber ich musste mich bei jedem zuerst bücken. Nach kurzer Zeit wurde mir ganz schwindelig. Diese Arbeit konnte ich nicht lange durchhalten. Da entdeckte ich einen Holzprügel, den ich unter die Rutsche schieben konnte, um die Ziegel auf Bauchhöhe in Empfang zu nehmen. Ich unterbrach den Arbeitsfluss, um diesen Holzblock zu holen. Schon brüllte mich ein deutscher Aufseher an. Was mir denn einfiele, den ganzen Betrieb aufzuhalten, warf er mir vor. Zur Aufsicht der Gefangenen wurden nämlich auch Gefangene ausgewählt, häufig Führungskräfte im Rang eines Feldwebels, Leutnants oder Offiziers. Das war bereits in Tuapse so, aber dort erlebte ich die deutschen Offiziere als unaufdringlich. Dieser hier, er stand einmal im Rang eines Zahlmeisters, schien sich dagegen richtig profilieren zu wollen. Dass sich ein Mann aus den eigenen Reihen, der auch nichts anderes als ein Gefangener war, so aufführte, war in diesem Moment zu viel für mich. Ich verlor die Beherrschung und schrie ihn an: „Sie sind ein Schwein! Zuerst habt ihr uns an der Front bis zum letzten Tag ins Feuer gejagt, und jetzt möchtet ihr euch auf unseren Knochen das Leben retten!" Das saß zwar, ich wusste aber gleich, dass mich dieser Kerl von nun an im Visier haben würde.

In den nächsten Tagen versuchte ich von dieser Schufterei des Ziegelabladens wegzukommen. Die meisten Gefangenen hielten diese

Arbeit nur eine Woche durch. Ich erfuhr, dass die Kriegsgefangenen hier eine kleine Fabrik aufgebaut hatten: Mit einer Karussell-
drehbank wurden Schiffsschrauben gedreht, und man suchte dort
noch Mechaniker. Ich meldete mich sofort und bekam die Arbeit.
Nahe der Fabrik war auch die Baracke für die rund 15 deutschen
Offiziere und Leutnants, die im Auftrag der Russen die Arbeitsein-
sätze des Lagers koordinierten. Bereits am nächsten Tag meldete
ich mich bei meinem neuen Arbeitsplatz in der Fabrik. Als bei der
Aufstellung mein Name aufgerufen wurde und ich mich meldete,
sah mich ein kleiner Leutnant an und sagte: „Ah, Sie sind also
dieser Raffeiner, Sie werden nicht lange bei uns sein!"
Mir war nicht mehr wohl zumute, jetzt saß ich richtig im Schlamassel. Mein verbaler Ausrutscher am Bahnhof hatte sich herumgesprochen, und ausgerechnet jene, denen er gegolten hatte, bestimmten zum Teil über mein weiteres Schicksal. Nun konnte es
nur noch bergab gehen. Ich blieb tatsächlich nur ein paar Tage in
der Fabrik, dann wurde ich wieder zum Ziegelabladen am Bahnhof
verdonnert. Dennoch war die kurze Zeit in der Fabrik nicht um-
sonst gewesen. Was immer herumgelegen war und sich einstecken
ließ, hatte ich mir unter den Nagel gerissen: Hier eine erbärmliche
kleine Flachzange, da ein Stück Draht oder ein kleines Stahlröhr-
chen, ein abgerissenes Sägeblatt, sogar eine kleine Kartusche
konnte ich entwenden. Daraus erhoffte ich nützliche Sachen herstellen zu können, die ich am besten gegen etwas Essbares eintauschen konnte. Das war kein Wunschdenken: Abends in der Baracke hatte ich andere Gefangene beim eifrigen Herumwerkeln
beobachtet. Ich war mir sicher, dass sie das nicht aus reinem Zeitvertreib taten. Bald bestätigte sich dann meine Annahme. Meine
„Beute" vergrub ich aber vorsichtshalber, damit sie mir nicht gestohlen werden konnte: Ich entfernte mich 30 Schritte von der Baracke in gerader Linie zum Eckpfosten und verbuddelte dort die
Kartusche und den Rest.

Das Jahr 1945 verging, das Frühjahr nahte. Unser Lager war durch eine Bretterwand vom Nebenlager getrennt, in dem ukrainische Gefangene einsaßen. Allerdings gab es da eine Stelle, an der einige halblose Bretter sich verschieben ließen, um durchschlüpfen zu können. Das war der Durchgang zu den Tauschgeschäften ins Nachbarlager. Man musste dabei sehr vorsichtig sein, weil es in beiden Lagern Wachposten gab. Eine weitere Möglichkeit, Tauschhandel zu betreiben, schien der lange Weg zum Arbeitsplatz zu sein. Vom Lager bis zum Bahnhof brauchte man zu Fuß eine gute Dreiviertelstunde, mittags und abends kehrten wir zum Lager zurück. Auf diesem Weg begegneten wir russischen Frauenbrigaden. Diese Frauen waren zu Zwangsarbeit verdonnert worden, die Gründe dafür kannte ich nicht. Einmal bekam ich mit, wie ein Ukrainer einer Russin unterwegs eine Nadel für fünf Rubel verkaufte. Das spornte meinen Ehrgeiz an. Ich wollte auch Nadeln verkaufen. Da ich aber keine Nadeln besaß, musste ich selbst welche herstellen. Dafür schlich ich mich in der Nacht ins Ukrainerlager und suchte dort nach Brauchbarem. Ich fand ein Stahlseil, von dem ich ein Stück Draht herausbrachte. Daraus versuchte ich nun Nadeln zu fertigen. Die Form war nicht das Problem, das Schwierigste war das Nadelöhr, weil es immer wieder ausbrach. Von zehn Versuchen waren nur drei Nadeln brauchbar. Ich freute mich schon auf meinen Verdienst. Doch die fünf Rubel konnte ich vergessen. Für die erste Nadel bekam ich zwei Rubel, jede weitere musste ich um nur einen Rubel verschachern. Meine selbst gemachten Nadeln waren qualitativ einfach nicht so gut wie die echten. Als ich endlich meine fünf Rubel zusammen hatte, konnte ich mir dafür eine Scheibe Brot kaufen, sie war rund zehn mal zehn Zentimeter groß. Dieses Stück Brot war mir unglaublich wertvoll. Ich genoss es Bissen um Bissen.

Andere Gefangene, die im Wald Holz schlagen und Schindeln herstellen mussten, fertigten Holzspielzeug an. Das Spielzeug verkauften sie im Vorbeigehen den russischen Frauen, die es wiederum in den Dörfern zu Geld machten.

Bevor ich mir das Zubrot mit den Nadeln verdiente, hatte ich es schon auf andere Weise versucht. Im Lager wimmelte es von Mäusen. Nichts war vor den unzähligen gefräßigen Nagern sicher. Die Mäuse waren aber nicht nur lästig, sie waren auch Überträger von Krankheiten. Eines Tages hieß es deshalb: „Wer 30 tote Mäuse abliefert, bekommt dafür einen Schlag Suppe!" Das durchaus attraktive Angebot kam vom deutschen Zahlmeister, den ich am Hafen als Schwein bezeichnet hatte. Ich dachte mir nicht viel dabei und machte mich sogleich ans Werk, um eine Mausefalle herzustellen. Ich nahm ein kleines Brett und bog aus einem Stück festen Drahtes eine Halterung und eine Feder. Bald war die Falle einsatzbereit. Ein Stück Brot diente als Köder, dann richtete ich die Falle auf, und ehe ich mich entfernte, schnappte sie auch schon zu. Das Mäusefangen klappte wunderbar. In einer Nacht hatte ich 30 Mäuse beisammen, ich freute mich schon auf die zusätzliche Portion Suppe. Statt der versprochenen Suppe bekam ich vom deutschen Zahlmeister aber nur ein hämisches Grinsen mit der Bemerkung: „Haha, Sie haben geglaubt, Sie kriegen einen Schlag Suppe?" Das war wie ein Schlag ins Gesicht! Hass stieg in mir auf. Ich stand seit dem Vorfall am Bahnhof auf der schwarzen Liste, und der Aufseher nutzte jede Gelegenheit, um mich zu schikanieren und herumzukommandieren.

Mit den russischen Aufsehern hatte ich weit weniger Probleme. Im Gegenteil: Einmal, ich war gerade auf dem Weg zum Plumpsklo, bettelte ich einen älteren russischen Wachposten um eine Zigarette an. „Setz dich", antwortete er mir auf Russisch. Dann holte er Tabak und Zeitungspapier aus seiner Jackentasche und begann eine Zigarette zu rollen. Er fragte nach meiner Herkunft.

„Austritzki", sagte ich ihm.

„Wo in Austritzki? Bozen?"

„Ja", antwortete ich überrascht. Der Russe erzählte mir nun, dass er im Ersten Weltkrieg in Neumarkt südlich von Bozen in Gefangenschaft gewesen war und dabei schrecklichen Hunger gelitten hatte. Er wollte noch mehr von seinem unfreiwilligen Aufenthalt in Südtirol erzählen, aber ein anderer russischer Wachposten unterbrach unser Gespräch und jagte mich weg. Den älteren Russen habe ich leider nie wieder getroffen.

Es gab im Lager nur einen einzigen Offizier, der mich neutral und menschlich behandelte. Es war der Oberarzt, der das Krankenrevier leitete. Einmal wurde ich wegen starker Gelbsucht für arbeitsunfähig erklärt. Als ich deswegen zum Oberarzt musste, sagte er mir, er hätte nichts, was er mir verabreichen könnte, lediglich etwas Tee aus Kräutern, welche die Gefangenen gesammelt hatten. Die Krankheit nahm mich sehr mit, mir war richtig elend, und ich war sehr schwach. Der Hunger nagte an den Eingeweiden, und die Krankheit zehrte mich aus.

Wenn ich im Krankenrevier nicht gerade auf meiner Pritsche schlief, verfolgte ich jegliches Treiben in meinem Umfeld. So fiel mir auf, dass in die Latrine nicht nur die blutig-eitrigen Verbände und andere unappetitliche Abfälle entsorgt wurden, sondern täglich zur Mittagszeit auch eine Kiste entleert wurde. Wenn man ständig Hunger hat, entwickelt man fast schon einen sechsten Sinn dafür, wo sich Essbares befinden könnte. Mit meiner Vermutung, dass es sich um Abfälle der Krankenrevierküche handeln könnte, hatte ich recht. Als ich am folgenden Abend zur Latrine schlich, fand ich im regelrechten Dreck Kartoffelschalen und sogar einige kleine Kartoffeln, die ich sogleich kochte und verspeiste. Es gab kein Grausen. Und dennoch musste ich unwillkürlich an den Gefangenen aus Uman denken, der sich wie ein Tier über die stinkenden Überreste eines Pferdekadavers hergemacht hatte. Nun war ich selbst so weit.

Ein Versuchslazarett?

Die Gelbsucht, so arg sie auch an mir zehrte, stellte sich im Nachhinein als Glücksfall für mich heraus. Ich würde sie fast schon als eine Art Fügung des Himmels bezeichnen. Denn als ich zu Beginn der Krankheit einmal beim Oberarzt weilte, kam gerade der russische Apotheker vorbei. Ob er wirklich Apotheker war, weiß ich nicht, er wurde jedenfalls so genannt. Im Laufe des Gesprächs zwischen den beiden holte der Apotheker eine amerikanische Konservenbüchse heraus und gestikulierte damit herum. Ich sah Ratlosigkeit im Gesicht des Oberarztes und fragte ihn, was der Apotheker wollte. So sagte er mir, dass er jemanden suchen solle, der ihm einen Deckel für die Konservenbüchse anfertigen könnte. Das war ein Auftrag für mich, und das sagte ich auch. Dafür benötigte ich aber eine zweite Blechdose. Der Apotheker war einverstanden, und nach zwei Tagen überreichte ich Dose samt Deckel, die ich im Feuer dunkel gebrannt hatte und die so ein beinahe kunstvolles Äußeres erhalten hatten. Als Belohnung bekam ich einen Teller Suppe. Ich konstruierte auch gleich einen zweiten Deckel für den Apotheker. Als er gerade das kleine Kunstwerk testete, kam die russische Oberärztin des Lagers herein. Sie sah den Deckel und fragte, wer diesen gemacht hatte. Der Apotheker zeigte auf mich. Die beiden unterhielten sich, und danach wurde ich gefragt, ob ich der Oberärztin ein Vorhängeschloss basteln könnte. Das war eine Herausforderung. Ich ging kurz vor die Tür und überlegte, wie ich das hinbekommen könnte. Schließlich sagte ich dem Auftrag zu. Als Voraussetzung dafür musste die Ärztin mich aber ins Ukrainerlager begleiten, damit ich das dafür notwendige Material suchen konnte. Dort besorgte ich mir eine Autotür, ein Stahlseil und ein Stück Draht und machte mich an die Arbeit. Da ich tagsüber ständig vom deutschen Zahlmeister herumschikaniert wurde, konnte ich nur abends in Ruhe mein Vorhaben in die Tat umsetzen. Nach vier Tagen hatte ich das Vorhängeschloss fertig. Immer wieder probierte die Ärztin das Schloss aus, sie zeigte mir auch offen ihre Freude darüber. Ich bekam den Auftrag, weitere Schlösser herzustellen. Alle vier Tage ein Schloss, so lautete unsere Vereinbarung. In dieser Zeit schaffte ich es allerdings, deren zwei anzufertigen, das zweite konnte ich im Ukrainerlager absetzen. Als Belohnung durfte ich mich täglich, und zwar in der Nacht, ins Ukrainerlager schleichen und mir dort ein Stück Brot abholen. Dieses tägliche Stück Brot stärkte meinen Körper, aber auch meine Seele.

Übrigens, meine Gelbsucht war bei der sogenannten „Fleischbeschau" entdeckt worden. So nannten wir die monatliche Visite eines Ärzteteams, das entschied, wer als arbeitsfähig galt. Die Kriterien dafür waren für mich nicht immer ersichtlich: Neben dem effektiven gesundheitlichen Zustand spielte wahrscheinlich häufig auch die Laune der Ärzte eine Rolle. Als meine Gelbsucht mehr oder weniger abgeklungen war, wurde ich prompt ausgemustert. Das hieß, dass ich von den Ärzten wieder für arbeitsfähig befunden wurde. Als ich von der Visite herauskam, wartete draußen der Zahlmeister und kommentierte mit einem breiten Grinsen meine Ausmusterung: „So, Raffeiner, morgen geht es wieder ran an die Arbeit. Wir werden Sie schon hinkriegen, wo die anderen sind!" Dabei streckte er seine Hand in die Richtung, wo die Krepierten verscharrt wurden. Ich spürte Unbehagen in mir aufsteigen. Sollte ich mich geirrt haben? Hatte die Oberärztin mich vergessen? Sie hatte doch versprochen, sich für mich einzusetzen, damit ich im Lager bleiben konnte. Wenn ich wieder in die Arbeitsbrigade eingeteilt würde, dann war ich dem Zahlmeister ausgeliefert. Was das für mich bedeutete, wusste ich. In dieser Nacht konnte ich fast nicht schlafen, mich quälten diese Gedanken.

Am Morgen versteckte ich mich unter meiner Pritsche. Draußen war die Arbeitsbrigade zum Zählappell angetreten. Plötzlich hörte

ich den Zahlmeister laut meinen Namen brüllen. „Raffeiner!",
hallte es zu mir hinein. Nun blieb mir nichts anderes mehr übrig,
ich musste wohl oder übel antreten. Als mich der Zahlmeister sah,
schrie er mir entgegen: „Sie glauben wirklich, Sie können sich
noch einen Monat hier im Lager herumdrücken? Sofort antreten!"
Ich reihte mich also in die Brigade ein und dachte: „So, jetzt bist
du unten durch!" Dann trottete die Menschenschlange los, es ging
zum Arbeitseinsatz am Bahnhof. Nach etwa hundert Metern kamen
uns einige Russen entgegen, darunter befand sich auch die russische Oberärztin. Sie erblickte mich, stutzte und rief mir in Befehlston zu, dass ich mich zu Mittag bei ihr zu melden hatte. Nach der
Schinderei am Bahnhof marschierten wir zurück ins Lager. Sofort
suchte ich die Oberärztin auf. Sie fragte mich zornig, warum ich
arbeiten gegangen war. Ich erzählte ihr, wie sich alles zugetragen
hatte, worauf sie mich mit einem „Davai!" entließ. Ich wusste im
Moment nicht, woran ich eigentlich war, und lümmelte beobach-
tend herum. Da bemerkte ich den Zahlmeister, wie auch er zur
Oberärztin hineinging. Als er nach etwa fünf Minuten wieder herauskam, machte er einen niedergeschlagenen Eindruck auf mich.
Nach kurzer Zeit rief mich die Ärztin wieder zu sich. Diesmal empfing sie mich freundlich und teilte mir mit, dass ich im Lager bleiben durfte und für sie weiterhin Schlösser anfertigen sollte. Außerdem sicherte sie mir zu, dass der Zahlmeister mich in Zukunft in
Ruhe lassen würde und ich mich ungehindert im Lager bewegen
konnte. Meine Freude war natürlich groß. Ich holte sofort mein
Werkzeug, suchte mir ein feines Plätzchen in der warmen April-
sonne und machte mich an die Arbeit – mein Gemüt strahlte mit
der Sonne beinahe um die Wette.

Ich war mehr als zufrieden mit meinem Dasein, mein technisches
Geschick hatte mir unter ganz und gar misslichen Umständen ein
Stück Lebensqualität gesichert. Da passierte mir folgendes Missge-
schick. Wie jeden Tag saß ich bei meiner gewohnten Tätigkeit, als

mich beim Meißeln ein Splitter ins Auge traf. Das Auge entzündete sich, ich bekam Fieber und verlor wohl für einige Tage das Bewusstsein. Es gab im Gefangenenlager nichts für die medizinische Versorgung. So wenig meine Gelbsucht behandelt wurde, so wenig konnte man mir auch diesmal weiterhelfen, außer dass man mir mit einem Lumpen die Augen verband. Ich hatte beide Augen verbunden, da auch das gesunde Auge das Licht nicht mehr vertrug. Die russische Oberärztin betreute mich und sorgte dafür, dass ich ins Gefangenenlazarett nach Krasnodar überstellt wurde. Sie begleitete mich persönlich dorthin. Als wir Ende April 1946 in der Stadt angelangt waren, fuhren wir eine Weile mit der Straßenbahn. Den Rest des Weges führte sie mich. Vor dem Lazarett hieß sie mich hinsetzen, ich sollte auf sie warten. Da hörte ich die Stimme eines Mannes. Er meinte, dass ich zum Glück nur eine Augenverletzung hatte, weil sie hier im Lazarett nichts dafür tun könnten. Ich verstand nicht, denn wir waren ja gerade in der Absicht hergekommen, dass es hier eine bessere Versorgung gab. Er unterbreitete mir, dass dies ein Versuchslazarett war, und riet mir dringend, mich in Acht zu nehmen. Ich sollte nichts über meine früheren Krankheiten und jene meiner Eltern berichten, denn hier würden mit den Leuten Versuche durchgeführt. Außerdem schlug er mir vor, meine Habseligkeiten zu ihm hinüberzuschmeißen, er würde sie inzwischen für mich aufheben. Nun war meine Neugier so stark geworden, dass ich den Fetzen über dem gesunden Auge nach oben schob. Ich blinzelte ein wenig und sah vor mir einen Stacheldraht. Dahinter stand ein hagerer Kerl, lediglich mit einer lumpigen Unterhose bekleidet. Ich überlegte, ob ich ihm trauen konnte. In einem Stück blauen Schürzenstoffs hatte ich meine Habseligkeiten verpackt: meinen italienischen „congedo", ein evangelisches Feldgesangbüchlein, ein Postsparkassenbüchlein, wo nur mehr das letzte Blatt drin war, einen selbst gefertigten Löffel und einen Rosenkranz. Die Wahrscheinlichkeit, dass ich meine Sachen nach der

Visite nicht mehr zurückbekommen würde, schätzte ich höher ein, als dass der Kerl sie behalten würde. So schmiss ich ihm mein Päckchen über den Stacheldraht. Nach einer Weile kam meine russische Oberärztin zurück und brachte mich zum Posten am Eingang. Hier lieferte sie mich ab. Sie verabschiedete sich freundlich und bedankte sich sogar für meine Arbeiten. Sie rechnete damit, dass ich bald zurückkommen würde. Dieses Gefühl vermittelte sie mir. Sollte ich mich täuschen?

Im Lazarett wurde mir alles, was ich am Leib trug, abgenommen. Nun stand ich auch nur mehr in meiner Unterhose da oder dem, was davon übrig geblieben war. Was mein weniges Hab und Gut anbelangt, hatte ich die richtige Entscheidung getroffen. Der Kerl war ein Wiener und ein ehrlicher Mensch, er gab mir alles wieder zurück.

Die Atmosphäre an diesem Ort war alles andere als einladend. Ich schlief ausschließlich mit meiner Unterhose bekleidet auf einer Bretterpritsche ohne Stroh oder sonstige Unterlage. Tagsüber lagen die Insassen auch auf den Holzstufen herum. Arbeiten musste man nicht, man bewegte sich so wenig wie möglich, um keine unnötigen Kalorien zu verbrauchen. Ab und zu kam die Ärztin und nahm wahlweise einen von den Insassen mit. Nicht selten kam der Patient nicht mehr zurück. Dabei war nicht unbedingt die Schwere der Krankheit ein Auswahlkriterium: Man munkelte hier drinnen, dass diese Leute an Krankenhäuser für irgendwelche medizinischen Experimente weitergereicht wurden. Deshalb hatte mich der Wiener gleich gewarnt, ich sollte keine Krankheiten aus meiner Familie angeben, wenn ich danach gefragt würde. Seine Warnung veranlasste mich, meinen Verband nach kurzer Zeit im Lazarett abzulegen, auch wenn mein entzündetes Auge noch recht lichtempfindlich war und schmerzte. Ich hatte Angst, als Versuchskaninchen zu enden. Und er schien ja recht zu haben, denn obwohl ich wegen meiner Augenverletzung hergebracht wurde, hatte mich bisher noch niemand behandelt. Mit der Zeit wurden die Schmerzen zwar erträglicher, allerdings sah ich auf dem Auge fast nichts mehr.

Als Versuchskaninchen fühlte ich mich dennoch, und zwar für die Frage, mit wie wenig Nahrung der Mensch überleben kann. Zum Frühstück und auch zum Abendessen bekamen wir eine zehn mal sieben Zentimeter große und fünf Millimeter dicke Brotscheibe und ein Glas Hagebuttentee. Mittags gab es immer irgendeine Suppe. Diese bestand aus exakt fünf Esslöffeln Suppe und einem Esslöffel Einlage, und zwar entweder Hirse oder Nudeln oder Gerste. Bei der Ausgabe der Portionen wurde jeder Löffel peinlich genau glatt gestrichen. Ich konnte mir nicht vorstellen, dass dieser Aufwand allein deshalb betrieben wurde, weil die Lebensmittel knapp waren oder es einen übertriebenen Gerechtigkeitssinn hier drinnen gab. Manche Insassen vermuteten sogar, dass den Mahlzeiten chemische Substanzen beigemischt waren. Sie erklärten es damit, dass sie an Gedächtnislücken litten, die ihnen vorher nie aufgefallen waren. Für mich blieb diese Ernährungsweise auch nicht ohne Auswirkungen. Ich wurde immer magerer. Und ich muss ehrlich zugeben: Ich konnte mich partout nicht mehr an den Namen meines Vaters erinnern. Ob das an den Substanzen oder dem mageren Essen lag, weiß ich aber nicht.

Eines Tages kam die Ärztin und rief meinen Namen. Ich erschrak. Es blieb mir aber nichts anderes übrig, ich musste mit ihr gehen. Wir betraten ein zweistöckiges Gebäude und gingen in einen zahnärztlichen Behandlungsraum. Ein alter abgearbeiteter Zahnreißstuhl stand in der Mitte des Raumes, und ein paar junge, für mein Empfinden noch minderjährige Mädchen waren anwesend. Ich wurde aufgefordert, mich auf diesen ekelhaften Stuhl zu setzen. Daraufhin wurden meine Daten aufgenommen. Meine Zähne waren in einem furchtbaren Zustand, ich rechnete schon mit dem Schlimmsten. Die Mädchen wurden hier zahnärztlich ausgebildet,

wir Gefangenen dienten als Ausbildungsobjekte. Wir waren hand-
festes Unterrichtsmaterial. Da ertönte plötzlich von draußen eine
Stimme. Im selben Moment ließen Ärztin und Mädchen alles liegen und stehen und verschwanden. Jemand hatte zum Essen gerufen. Ich atmete erleichtert auf und verschwand ebenso. Ich wurde
nicht wieder aufgerufen. Jedes Mal, wenn die Ärztin im Anmarsch
war, drehte ich mein Gesicht weg und stellte mich schlafend. So
kam ich immer wieder davon.

Endlich frei

Es war kurz vor dem 15. August 1946. Mit Schreibzeug in den Händen, ehrlich gesagt waren es nur ein Stück Rinde und ein Stück Kohle, schlenderte die Ärztin durchs Lager. Immer wieder machte sie sich Notizen. Bald stellte sich heraus, dass alle Österreicher aufgeschrieben wurden. Ich fand heraus, dass ich nicht auf der Liste stand. Neben mir lag mein Wiener Kamerad, und ich bat ihn, die Ärztin zu fragen, warum ich nicht aufgeschrieben wurde. Sie antwortete ihm, dass ich ein „Nemetzki", also ein Deutscher sei. „Nein, Austrizki", widersprach er, ich sei Österreicher. Ich bestätigte ihr das. Dennoch bestand sie darauf, dass ich Deutscher war, wir dagegen bekräftigten unsere Aussage. Es war ein Hin und Her. Daraufhin entfernte sie sich. Als sie wiederkam, forderte sie mich auf mitzukommen. Sie hatte sich von der Richtigkeit unserer Aussage überzeugt. Nun wurde ich zum Generalarzt gebracht, dieser las meine Krankengeschichte und untersuchte mein verletztes Auge. Ich kam auf die Liste der Ärztin, zudem schnitt man mir die Haare, und ich durfte sogar baden. Meine beiden Augen wurden mit einer sauberen Binde versehen, und ich wurde bei Bedarf geführt. Außerdem erhielt ich mitten im August einen Mantel als Bekleidung. Meine Arme waren viel zu dünn und mein Körper zu hager, um ihn auszufüllen, aber das war mir egal. Alles spielte sich in nur ein paar Stunden ab, als plötzlich alle Österreicher zum Aufbruch versammelt wurden. Wir kamen tatsächlich frei. Wir wurden zum Ausgang gebracht, wo uns ein Posten übernahm. Ich hatte inzwischen meine Binde über dem gesunden Auge hochgeschoben, damit ich etwas sehen konnte. Alle waren körperlich verfallen: Selbst aus den Jungen waren Greise geworden. Vorerst fuhren wir nach Rostow am Don, die dortige Bahnstation befand sich mitten im Wald. Neben den Geleisen verbrachten wir die

Nacht. Am nächsten Morgen gegen neun Uhr kam der Zug. Über Rostow ging die Fahrt bis nach Wien. Bevor wir dort ankamen, bekam jeder von uns einen ganzen Laib Brot. Es war unglaublich: einen Laib Brot für jeden! Damit wollten die Russen demonstrieren, dass die Gefangenen genug zu essen hatten. In Wien wurden wir den Österreichern übergeben.

Vorerst brachte man uns in einer Schule im Bezirk Hütteldorf unter, zu essen erhielten wir in einer Brauerei, die sich hinter einem Park befand. Dieser Park war herrlich angelegt, es gab viele Bänke zum Ausruhen. Es herrschte aber auch ein Auflauf von Menschen: Frauen und Mädchen liefen mit Plakaten umher. Darauf hatten sie Fotos befestigt und die Namen und Daten ihrer vermissten Söhne, Männer oder Väter geschrieben. Immer wieder wurde man gefragt, ob man den Vermissten kannte. Ich saß gerade auf einer Bank im Park, als mich jemand von hinten auf die Schulter tippte. „Dich kenne ich doch", hörte ich sagen. Ich drehte mich um, aber ich kannte den Mann nicht. Er erzählte mir, dass er in Tuapse immer das Brot ausgeteilt hatte. Ich freute mich, dass er mich wiedererkannt hatte. Er erzählte, dass er nicht weit von hier wohnte, und lud mich ein mitzugehen. Wir durften uns frei bewegen, und so begleitete ich ihn. Ich blieb zum Abendessen, wir hatten viel zu erzählen. Obwohl er sicher selbst nicht viel hatte, bekam ich Zwetschgenknödel serviert. Das war ein festlicher Duft! Sie schmeckten so köstlich, dass ich vier Stück davon aß. Nachher plauderten wir bis gegen drei Uhr früh weiter. Dann ging es los: Mein Magen war das Essen nicht gewohnt und rebellierte. Ich wollte mir nichts anmerken lassen und verabschiedete mich deshalb mit der Ausrede, dass es nun doch reichlich spät geworden war. Ich kam nicht weit. Ich hatte solche Bauchschmerzen, dass ich mich im Straßengraben wälzte. Ich bekam so starke Blähungen und Krämpfe, dass ich glaubte, mich zerreißt es. „So, das war es, jetzt ist es aus", dachte ich. Sollte ich nach all dem, was ich überlebt hatte, nun hier im Straßengraben wegen ein paar Zwetschgen-knödeln mein Leben lassen müssen?

Nach einem zweistündigen Kampf, in dem mein Magen sich in allen gegebenen Möglichkeiten erleichtert hatte, ging es mir langsam besser. Das war mir eine Lehre. In der Brauerei gab es zum Frühstück nur eine kleine Portion magere Suppe. Das war gerade recht für unsere ausgezehrten Mägen. Es gab welche, die sich wie ich voll gestopft hatten und dabei wirklich draufgegangen waren. Wir freuten uns aber trotzdem, wenn die Bevölkerung uns mit Essen versorgte. Die Leute hatten selbst nicht viel, dennoch teilten viele das wenige mit uns. Einmal kam ein Mann mit einem Rucksack herein, aus dem es richtig dampfte. Noch vor dem Öffnen stieg uns der Duft von gekochten Kartoffeln in die Nase. So weit es reichte, wurden sie aufgeteilt. Solche Gesten der Anteilnahme erfüllten uns mit Dankbarkeit und blieben zumindest von mir unvergessen.

Nach einigen Tagen in Wien fuhren wir vorerst nach Linz, von dort aus kamen wir nach Innsbruck ins Lager Reichenau. Dort war die Entlassungsstelle für Heimkehrer untergebracht. Vor fast sieben Jahren hatte ich meine Heimat verlassen müssen: Am 19. September 1946 wurde ich hier offiziell aus dem Kriegsdienst entlassen. Nun stand ich als freier Mann da und überlegte, was ich nun anfangen sollte. Bei einem Urlaub im Jahr 1944 hatte ich Marianne Grüner, die Schwester von Bernhard, und deren Familie in Lienz in Osttirol besucht. Marianne arbeitete bei einem Mechaniker im Haushalt. Wir hatten damals vereinbart, dass ich nach Kriegsende nach Lienz kommen sollte und sie dann um eine Arbeitsstelle für mich bei diesem Mechaniker fragen würde. Dahin wollte ich nun. Davor fuhr ich zu meiner Base nach Inzing ins Oberinntal, dort wollte ich meinen deponierten Anzug holen. Den Anzug hatte man leider aus dem Schrank gestohlen. So verlottert, wie ich war, wollte ich nicht bei Marianne aufkreuzen, deshalb schrieb ich ihr, dass ich nach Hause zu Mutter und Schwester fahren und erst im Frühjahr kommen würde. Als Nächstes beantragte ich beim Roten Kreuz meine Einreise nach Südtirol. Ich war ja nach wie vor deutscher Staatsbürger. Über einen Monat wartete ich vergeblich auf die Bewilligung. Daraufhin beschloss ich, illegal über die Berge nach Südtirol zu gehen.

Ende Oktober ging ich zu Fuß über den Similaun ins Schnalstal. Meine Mutter und meine Schwester Maria freuten sich sehr über meine Rückkehr. Ich wohnte bei ihnen in der Wohnung im Postgebäude. Im Dorf schenkte man meiner Rückkehr wenig Beachtung. Ab und zu hieß es nur: „Bisch a wieder do?" Als ich das erste Mal meinem Freund Bernhard begegnete und ihn ansprach, dass ich wieder da war, faselte er lediglich irgendwelche unverständliche Bemerkungen und entfernte sich. Bernhards Fanatismus hatte unsere Freundschaft zerstört. Er selbst hatte kein glückliches Dasein mehr, geriet zusehends in Schwierigkeiten und fand nur noch zu mir, wenn er sich Hilfe von mir erwartete.

Im Januar 1947 starb meine Mutter. Nun fiel es mir noch leichter, meinen Entschluss in die Tat umzusetzen. Meine Zukunftshoffnungen und auch mein Herz waren in Osttirol hängen geblieben, und ich hatte beschlossen, dahin zurückzukehren.

Meine Schwester Maria hatte mir den ganzen Winter hindurch aus Militärstoff Hosen und Jacken, aus Leintüchern Hemden und sogar aus einer Zeltplane einen großen Rucksack genäht. Ich bereitete mich auf das Frühjahr vor. Ich hatte vor, nach Osttirol zu ziehen, sobald es die Witterungs- und Wegverhältnisse über die Berge zuließen.

Ich machte mir fein säuberlich in Packpapier eingewickelte rund 25 Kilo schwere Pakete zurecht, in denen ich meine Habseligkeiten verstaute. Als im Frühjahr die Schneeschmelze eingesetzt hatte, wagte ich meinen ersten Versuch mit einem solch schweren Paket im Rucksack. Ich hatte die Situation unterschätzt, es lag noch zu viel Schnee und Eis, und ich musste umkehren. Insgesamt sechsmal ging ich über die Berge, bis ich meine Habseligkeiten über die Grenze gebracht hatte. Genauer gesagt nach Vent im Ötztal, denn dort war ein Schnalser Bekannter von mir bei einem Bauern als Fütterer im Dienst. Bei ihm konnte ich auch nachts klopfen und meine Sachen abgeben. Er gab dann für mich die Pakete bei der Post auf.

Meine Schwester Maria hatte beschlossen, zu unserem Bruder Peter auf den Dorfmairhof in Naturns zu ziehen. Ich half ihr, den Haushalt aufzulösen. Es war Juni 1947, als ich selbst mit dem letzten Paket in Vent ankam und nach Osttirol fuhr. Ich wohnte nun bei der Familie Grüner. Und ich bekam auch eine Arbeit in der Mechanikerwerkstatt von Josef Thum.

In dieser Nachkriegszeit herrschte allgemein große Not. Es gab fast nichts zu essen, die Lebensmittelkarten reichten bei Weitem nicht aus. Am Wochenende zog ich immer mit einem Fahrrad übers Land, um bei den Bauern um Milch und Lebensmittel zu betteln. Das Ergebnis war meistens ein halber Liter Milch und fünf, sechs Kartoffeln.

Einmal, als wir am Morgen zur Arbeit gingen, sagte Mariannes Mutter, sie wisse nicht, ob es zu Mittag etwas zu essen geben würde. Sie hatte einfach nichts mehr. Sie konnte dann doch bei einer guten Seele ein paar dünne Scheiben Polenta auftreiben. Das war das Mittagessen für sechs Personen. Mit hungrigem Magen stand ich wieder vom Mittagstisch auf und musste wieder zur Arbeit.

Mit Marianne lief es auch nicht so, wie ich es mir vorgestellt hatte. Ich hatte mir schon seit Langem ausgemalt, dass ich sie heiraten und mit ihr eine Familie gründen würde. Sie war ein liebes, nettes Mädel, und wir kannten uns schon seit unserer Kindheit. Sie hatte mir oft geschrieben. Sie mochte mich sicherlich auch, aber der Krieg hatte mich geprägt und verändert. Ich merkte selbst, dass ich den Vorstellungen einer jungen Frau nicht entsprach. Ich fühlte mich nach all den Strapazen und Erlebnissen nicht mehr als

Mensch, schon gar nicht als ein zivilisierter. Nach drei Monaten in Lienz beschloss ich deshalb, nach Südtirol zurückzukehren. Irgendwo auf einem Bauernhof in der Heimat würde man bestimmt meine handwerklichen Fähigkeiten gebrauchen können, und zu essen gab es da sicher nicht weniger als hier.

Mein neues Leben

Im September 1947 kehrte ich nach Südtirol zurück. Fürs Erste kam ich bei meinen Geschwistern Peter und Maria in Naturns unter. Ich hatte gehofft, hier auch Luise anzutreffen. Nach ihrer Ausbildung zur Hebamme in Karlsruhe war sie aber nach Jugoslawien geschickt worden. Ich hatte erfahren, dass sie nach dem Zusammenbruch der Front dort den Auftrag bekommen hatte, an die vierzig Kinder von Donauschwaben, das waren Volksdeutsche im Gebiet zwischen Ungarn und Jugoslawien, zu Fuß und allein nach Kärnten zu bringen. Trotz der bereits vorgerückten russischen Besatzung hatte sie es durch deren Linie geschafft. Doch die Kinder waren zu schwach, und sie musste miterleben, wie ein Kind nach dem anderen auf der Strecke blieb und starb. Die Qual, diesen armen Geschöpfen nicht helfen zu können, brannte lange Zeit schmerzlich in ihrer Seele. Luise blieb im Sellraintal in der Nähe unseres Bruders Toni, der zeitlebens Hirt war und ledig blieb. Mein Bruder Sepp dagegen hatte geheiratet. Er verunglückte als junger Familienvater und hinterließ seine Frau mit vier Kindern.

Was mich betraf, hatte ich zwar eine Unterkunft bei meinen Geschwistern gefunden, aber mir fehlte noch eine regelmäßige Arbeit. Mit einem Bekannten fing ich an, Fahrräder zu reparieren. Da damit aber kaum etwas zu verdienen war, schmuggelte ich Feuerzeuge. Ich ging über den rund 3.500 Meter hohen Similaun im Schnalstal nach Vent ins Ötztal, kaufte dort Feuerzeuge und verkaufte sie hier einem Carabiniere. Der Italiener wurde ein guter Kunde, da er auch seine Kollegen mit meinen Feuerzeugen versorgte.

Bald wagte ich mich an ein weit schwierigeres Unterfangen, das mir aber mehr Geld einbrachte. Und zwar schmuggelte ich aus der Schweiz ein Motorrad. Beim Hinweg ging ich über den Reschenpass und bemerkte, dass die Grenze mit Grenzpolizisten dicht besetzt ist. So entschied ich mich zu einem anderen Rückweg, einem ziemlichen Umweg. Vier Schnalser Bekannte, die in Vent als Schafhirten arbeiteten, trugen mit mir das zerlegte Motorrad auf dem Rücken über den Similaun ins Schnalstal. Das Motorrad behielt ich vorerst. Erst als das Geld bei mir knapp wurde, verkaufte ich es. Bald beschloss ich, mich selbstständig zu machen. Ich besaß eigenes Werkzeug, welches ich mir in Lienz von meinem Verdienst in der Werkstatt Thum gekauft hatte. In Kompatsch, einer Fraktion von Naturns, mietete ich einen Raum, der zuvor als Werkstätte eines Radmachers gedient hatte. So reparierte ich weiterhin Fahrräder: Zu tun hatte ich genug, denn Autos gab es zu dieser Zeit noch nicht viele, und die Straßen waren löchrig und steinig.

An den Sonntagen ging ich zur heiligen Messe und anschließend wie die meisten Männer auch ins Gasthaus. Ich blieb zunächst ein Außenseiter. Auch beim katholischen Männerbund, dem ich beigetreten war, fand ich nicht wirklich Anschluss. Als gebürtiger Schnalser galt ich in Naturns als Zugezogener. Zudem war ich im Krieg gewesen, und darüber wollte sich niemand unterhalten. Ich verbrachte meine Freizeit vor allem im familiären Umfeld bei meinem Cousin Peter und seiner Frau Maria. Hier lernte ich Marias Schwester Anna kennen. Sie gefiel mir und ich zog bei Bekannten Erkundigungen über sie ein, wie das damals so üblich war. Ich hörte nur Lob und Gutes. Das freute und ermutigte mich zugleich. Wie sich herausstellte, gefiel ich ihr auch, und schon bald schmiedeten wir gemeinsame Zukunftspläne. Ich hatte ein goldenes Mädel gefunden, denn ich war manchmal barsch und aufbrausend. Sie war aber keineswegs nachtragend, nörgelte nie an mir herum und nahm mich samt meinen Fehlern. Im Mai 1949 heirateten wir. Anna hatte ein kleines Grundstück neben dem Bauernhof ihrer Schwester bekommen, gerade groß genug, um darauf ein kleines Haus bauen zu können. Die Pläne für unser Häuschen zeichnete ich selbst. Mit unseren eigenen Händen, nur unter gelegentlicher

Mithilfe eines Maurers, stellten meine Frau und ich unser neues Heim fertig. 500.000 Lire mussten wir dafür aufbringen. Ein Grundstück, das Anna von ihrem Bruder bekommen hatte, tauschten wir mit meinem Cousin Peter gegen die Tilgung unseres Kredites. Somit waren wir schuldenfrei, das war uns beiden sehr wichtig. Aber wir mussten dafür auch all unser Geld aufbringen. Als wir Weihnachten 1949 einzogen, hatten wir nur noch zwei Lire übrig.

Nach meiner Zeit als Radmacher arbeitete ich zuerst als Maschinist im Quarzbruch im Hilbertal bei Plaus, das liegt unterhalb von Naturns, und dann für kurze Zeit bei der Maschinenschlosserei Trojer in Meran. Am ersten Tag dort kam nämlich der Chef zu mir und sagte, dass er einen „Lebensposten" für mich in Aussicht hatte. Gerade eine solche Fixanstellung bis zur Pension war mein Wunsch gewesen. In der Bierbrauerei Forst in Algund war der Spenglermeister verstorben. Ich stellte mich vor. Nach der Probezeit von 24 Tagen wurde ich fix angestellt und blieb 25 Jahre lang – bis zur Pensionierung an meinem 60. Geburtstag – Spenglermeister bei der Brauerei Forst.

Meine Tätigkeit war sehr abwechslungsreich und vielfältig. Als ich 1952 anfing, war die Bierschanktechnik noch nicht ausgereift. Ich wurde häufig zu Gastbetrieben geschickt, weil das Bier katastrophal schäumte. Manche Lokale wollten den Ausschank von Fassbier deswegen sogar wieder einstellen. Ein altes deutsches Brauereigesetz lautete, dass die Bierleitung einen Durchmesser von zehn Millimetern nicht unterschreiten durfte. Ich tüftelte herum und fand heraus, dass das Bier in einer Leitung von vier Millimeter Durchmesser ruhiger floss und nicht mehr schäumte. Nun brauchte es dazu noch die passenden Anschlüsse, die ich selbst herstellte. Damit war dieses Problem für die Algunder Brauerei gelöst, der Einbau von Schankanlagen stieg rapide an.

Ich war inzwischen Vater von zwei Buben und zwei Mädchen geworden und daher froh, dass ich neben meinem Gehalt bei der

Firma Forst zusätzlich etwas verdiente, damit die Kinder eine Ausbildung machen konnten. Die Anschlüsse, die ich erfunden hatte, konnte ich außerhalb der Arbeitszeit selbst herstellen – und sie verkauften sich gut. Bald erfand ich auch die sogenannten Tropftassen. Bisher tropfte das Bier einfach auf die Theke und musste mit einem Tuch ständig weggewischt werden. Bei den ersten Modellen bohrte ich die Löcher noch manuell. Diese Erfindungen kamen der Brauerei natürlich sehr zugute. Die an die Gastbetriebe mitgelieferten Schanksäulen gehen zwar nicht auf meinen Erfindergeist zurück, aber statt sie wie bisher extern anzukaufen, fertigte ich sie bald selbst.

Nach meiner Pensionierung bat mich die Brauerei Forst um meine weitere Mitarbeit. So richtete ich mir in meiner Garage eine kleine Werkstatt ein und erledigte Fertigungsarbeiten für das Algunder Unternehmen. Da ich immer mehr Aufträge erhielt, stieg vorerst mein ältester Sohn, der ebenso bei der Brauerei gearbeitet hatte, und später auch mein zweiter Sohn in das Geschäft ein. 1978 gründeten wir die Firma Raffeiner Alois und Co. OHG. Wir hatten uns zwar eine neue Werkstatt eingerichtet, aber auch diese genügte bald unserer Auftragslage nicht mehr. So erwarben wir Grund in der Industriezone von Naturns und bauten dort eine Fabrikhalle. Allmählich zog ich mich aus dem Geschäft zurück und überließ meinen beiden Söhnen den Betrieb, den sie mit großem Fleiß weiterführten. Mittlerweile liefern sie Schankartikel in die ganze Welt. Mir blieb nun mehr Zeit für meine Hobbys. Mit 48 Jahren war ich zum ersten Mal nach dem Krieg wieder Ski gefahren. Dieser Leidenschaft, so wie auch dem Fischen und Wandern, frönte ich auch im Alter noch gerne. Im Sommer dagegen fuhr die ganze Familie ans Meer, meist für drei Wochen auf Campingurlaub. Dort lernten wir auch das Ehepaar Steffan aus Österreich kennen, mit denen wir dann in den folgenden Jahren sehr häufig den Urlaub gemeinsam verbrachten.

Meine handwerklichen Fähigkeiten brachte ich neben meiner Arbeit auch in die Dorfgemeinschaft ein. So half ich bei der Volksbühne Naturns beim Bühnenbau, meine Frau Anna spielte dort nämlich jahrelang Theater. Mein Tüftlergeist hatte sich im Dorf bald herumgesprochen: So bat mich Dekan Georg Peer um meine Hilfe bei unterschiedlichen Projekten der Pfarrei. Mit Peer unternahm ich außerdem abenteuerliche Fahrradtouren im Ausland oder nahm gelegentlich an seinen Gebetsabenden teil, die sich an jenen von Taizé orientierten. Da ich das Bedürfnis hatte, mich sozial zu engagieren, trat ich der damaligen lokalen „Dritte-Welt-Gruppe" bei und übernahm eine Patenschaft für ein Missionsprojekt.

Im Jahr 1999 starb meine Frau Anna und hinterließ eine große Lücke in meinem Leben. Meiner Familie, im Besonderen auch meinen beiden Töchtern, bin ich dankbar für die liebevolle Fürsorge, die Zeit, die sie mir widmen, und das Verständnis, das sie mir entgegenbringen. Mit diesem Buch hat sich mein Wunsch erfüllt, dass nicht in Vergessenheit gerät, was geschehen ist.

Hannes Heer

„Zeige deine Wunde"

Luis Raffeiner im Krieg

Am Ende seines Berichts über seine Jugend im Schnalstal und den Krieg in der Sowjetunion berichtet Luis Raffeiner von einer Korrektur: Er wird aus Osttirol in die Heimat zurückkehren. Die Frau, deretwegen er nach der Rückkehr aus der Gefangenschaft 1947 nach Lienz gegangen war, wird nicht seine Ehefrau und nicht die Mutter seiner Kinder werden. „Sie war ein liebes, nettes Mädel, und wir kannten uns schon seit unserer Kindheit. Sie hatte mir oft geschrieben. Sie mochte mich sicherlich auch, aber der Krieg hatte mich geprägt und verändert. Ich merkte selbst, dass ich den Vorstellungen einer jungen Frau nicht entsprach. Ich fühlte mich nach all den Strapazen und Erlebnissen nicht mehr als Mensch, schon gar nicht als ein zivilisierter." (182/183) Selten hat ein ehemaliger Angehöriger der Wehrmacht so offen ausgesprochen, was da zurückkam aus den Schlachten und Massakern an der Ostfront, was da heimkehrte aus Hitlers Rassen- und Eroberungskrieg in zivile Verhältnisse und friedliche Zeiten – Barbaren.

Dabei hatte aus seiner Sicht alles so gut angefangen, nachdem der Duce und der Führer sich geeinigt hatten, dass Südtirol italienisch blieb und die deutschsprachigen Bewohner sich entscheiden mussten, entweder im Lande zu bleiben oder nach Deutschland auszuwandern. Raffeiners Familie hatte sich „wie die meisten anderen einfachen Leute an der Entscheidung gebildeter und besserstehender Personen im Dorf" orientiert und für Deutschland optiert. Auch für ihn persönlich schien das die einzig richtige Entscheidung zu sein: „Selbst hatte ich in der Heimat nichts zu verlieren, denn ich besaß nichts, hatte keinen Arbeitsplatz – es konnte eigentlich nur besser werden. [...] Die einen oder anderen Propagandaparolen hatten im Hinterkopf sicherlich ihre Spuren hinterlassen, aber meine Entscheidung fiel vor allem auf der Gefühlsebene. Deutschland klang vielversprechender als Sizilien, und was ich vom [italienischen] Faschismus zu erwarten hatte, wusste ich ja zur Genüge." (50) Der Abschied aus der Heimat, die Fahrt zum Brenner und zur Grenze waren ein Volksfest. „Die Menschen winkten, die Tücher flatterten, das Herz fieberte dem unbekannten Abenteuer entgegen. Ich ging gerne." (52) Und auch der Eintritt ins Großdeutsche Reich begann gut – mit ein paar Runden Freibier, gestiftet vom Tiroler Gauleiter Franz Hofer. Die in den Tagen darauf erfolgende Eingliederung in die Wehrmacht gestaltete sich etwas schwieriger und war eine Abfolge von Pannen und Zufällen: ein Leistenbruch und Lazarettaufenthalt in der Rekrutenausbildung, das Fehlen bei der Vereidigung auf den Führer und das Verpassen des ersten Fronteinsatzes als Gebirgsjäger 1940 in Norwegen. Das bescherte Raffeiner die Ausbildung bei den Sturmgeschützpanzern, einer Spezialtruppe der Wehrmacht, und den Aufschub seines Eintritts in den Kriegs um ein Jahr – bis zum Überfall auf die Sowjetunion am 22. Juni 1941.

Der Grundriss eines Krieges

„Haben Sie vergessen", schrieb Friedrich der Große im Oktober 1773 an seinen Freund Voltaire, „dass der Krieg eine Geißel ist, die alle möglichen Menschen zusammenwürfelt und überdies noch alle möglichen Verbrechen begünstigt?"[1] Mag sein, dass man mit dieser Formel des kriegserfahrenen und aufgeklärten Preußenkönigs ein Jahrtausend europäischer Kriege interpretieren kann, vor einem Krieg, dem von 1939 bis 1945, versagte sie. Dieser Krieg war nämlich kein Schicksal und keine „Geißel", sondern eine gewollte und lange vorbereitete Unternehmung. Er begann am 3. Februar 1933, als Hitler, drei Tage nach seiner Ernennung zum Reichskanzler, den Befehlshabern des Heeres und der Marine sein außenpolitisches Programm erläuterte: Zur Wehrhaftmachung des Volkes müssten alle militärischen Fesseln des Versailler Vertrages, vorrangig das Verbot der allgemeinen Wehrpflicht und die Begrenzung der Truppenstärke auf 100.000 Mann, beseitigt und die marxistisch-pazifistische Gesinnung in Deutschland ausgerottet werden. „Wer sich nicht bekehren will, muss gebeugt werden. [...] Einstellung der Jugend und des ganzen Volkes auf den Gedanken, dass nur der Kampf uns retten kann." Langfristiges Ziel seiner Politik, so schloss Hitler, sei die „Eroberung neuen Lebensraums im Osten und dessen rücksichtslose Germanisierung".[2]

Und es war auch kein „zusammengewürfelter" Haufen von Menschen, der ab 1939 ohne Kriegserklärung über die benachbarten Völker Europas herfiel, sondern die bewaffnete Macht einer durch die gewaltsame Ausgrenzung aller *Volksschädlinge* – der *Marxisten*, der *Juden*, der *Zigeuner*, der *Schwulen*, der *Asozialen*, des *unwerten Lebens* – homogenisierten deutschen Volksgemeinschaft. Spätestens seit den 1940/41 errungenen Blitzsiegen im Westen, Norden und Südosten Europas hielt sich die Wehrmacht für unbesiegbar und glaubte, wie die Mehrheit des deutschen Volkes, an die Unfehlbarkeit des von der *Vorsehung* gesandten *Führers*.

Schließlich „begünstigte" Hitlers Krieg nicht „alle möglichen Verbrechen", sondern sein Mittel wie sein Zweck war das Verbrechen. Das galt vor allem für den Überfall auf die *jüdisch-bolschewistische* Sowjetunion. Dieser Kampf gegen den *Rassenfeind* und für *Lebensraum im Osten*, so Hitler, sei ein Kampf um Deutschlands Schicksal und daher „ein gerechter Krieg". Er dürfe folglich mit allen – auch den inhumansten – Mitteln geführt werden.[3] „Rechtsempfinden", übersetzte das Oberkommando der Wehrmacht diesen Freibrief für die Truppe, habe „hinter Kriegsnotwendigkeit zurückzutreten".[4] Entsprechend lauteten die Rahmenbefehle, die vor dem

Überfall erlassen wurden. Sie werden von Historikern „die verbrecherischen Befehle" genannt:

- Die Polit-Kommissare der Roten Armee seien verantwortlich für deren „barbarisch asiatische Kampfmethoden" und müssten „sofort mit der Waffe erledigt werden".[5] Damit war der Gefangenenmord auf dem Schlachtfeld eingeführt.

- Kriegsgefangene Rotarmisten dürften nicht als besiegte „Kameraden", sondern als zu „Todfeinden des nationalsozialistischen Deutschlands" erzogene Gegner betrachtet werden, die jeden vom Völkerrecht gebotenen „Anspruch auf Behandlung als ehrenhafter Soldat" verloren hätten.[6] Damit waren die Gefangenen Freiwild.

- Die Zivilbevölkerung sei ein Hort von Heimtücke, Widerstand, Sabotage und Verrat, daher würden die für Zivildelikte üblichen Kriegsgerichte abgeschafft: Gegen das „Gift der Zersetzung" könne man sich nur mit der Waffe in der Hand und durch „kollektive Gewaltmaßnahmen" zur Wehr setzen.[7] Damit wurde von Beginn an eine zweite Front eröffnet – der Kampf gegen die Zivilbevölkerung.

- In den „Richtlinien für das Verhalten der Truppe in Russland", die jedem Soldaten vor dem Überfall in die Hand gedrückt worden waren, wurden die Feindgruppen des künftigen Krieges knapp und präzise benannt: der Kampf gegen den Bolschewismus verlange „rücksichtsloses und energisches Durchgreifen gegen bolschewistische Hetzer, Freischärler, Saboteure, Juden".[8] Neben dem Kampf gegen mögliche Partisanen war mit diesen Richtlinien die Verfolgung von Kommunisten und Juden Bestandteil des militärischen Geschehens geworden.

Diesen Befehlen lagen drei weitergehende Weisungen zugrunde. Die erste, die das Schicksal der sowjetischen Kriegsgefangenen wie das der großstädtischen Bevölkerung bestimmen sollte, verlangte, dass sich die Wehrmacht „aus dem Land" zu ernähren und alle

Überschüsse der Heimat zuzuführen habe. „Hierbei", so lautete
der Beschluss der beteiligten Ministerien am 2. Mai 1941 in Berlin,
„werden zweifellos zig Millionen Menschen verhungern."[9] Infolge
dieser Entscheidung starb von Juli bis Dezember 1941 eine Million
sowjetischer Kriegsgefangener. Die zweite ebenso folgenreiche Ab-
machung war zwischen Wehrmacht und SS erfolgt und sah die Bildung von vier *Einsatzgruppen* der SS vor, die hinter der Front mit
der Ermordung der Juden beginnen sollten. Diese Kommandos ope-
rierten nach den Weisungen Himmlers, waren aber der Wehrmacht
„hinsichtlich Marsch, Versorgung und Unterbringung unterstellt"
und hatten ihr alle geplanten Aktionen rechtzeitig zu melden.[10] Die
Wehrmacht erweiterte diese verabredete Arbeitsteilung durch äußerst hilfreiche vorbereitende Maßnahmen: Bei ihrem Vormarsch
wurden die Juden registriert, mit gelben Lappen gekennzeichnet
und zur Zwangsarbeit eingeteilt.[11] Die dritte Rahmenentscheidung
betraf die Zielplanung für die besiegte Sowjetunion: Der *Lebens-*
raum im Osten sollte als Lieferant für Lebensmittel und als Kolonie
deutscher Siedler dienen. Um dafür Platz zu schaffen, verlangte ein
von Himmler in Auftrag gegebener *Generalplan Ost* 14 Millionen
Einheimische als Arbeitssklaven zunächst am Leben zu lassen und
zu *verbrauchen*, 31 Millionen aber zu deportieren und zu ermor-
den.[12] Jeder tote Russe war also ein Stück deutscher Zukunft.
Entscheidender aber als diese vorbereiteten Befehle, getroffenen
Abmachungen und in Arbeit befindlichen Pläne war, ob es gelingen würde, die Millionen Soldaten der Wehrmacht dahin zu bringen, dass sie dies Mordprogramm für die gerechteste Sache der
Welt hielten. Hitler hatte sich bei der Niederschrift von „Mein
Kampf" ausführlich mit dem Thema Propaganda beschäftigt und
zu ergründen versucht, wie man mit ihrer Hilfe „eine allgemeine
Überzeugung" von „der Notwendigkeit [und] der Richtigkeit" ei-
nes Vorgangs erzeugen könnte. Zu seinem Modell wurde dabei das
Vorgehen der Engländer im Ersten Weltkrieg. Diese hätten, so sein

Fazit, die Deutschen vorab „als Barbaren und Hunnen" porträtiert und so die eigenen Soldaten wirkungsvoll auf die Schrecken des Krieges vorbereitet: „Denn die grausame Wirkung der Waffe, die er ja nun an sich vonseiten des Gegners kennenlernte, erschien ihm allmählich als Beweis der ihm schon bekannten ‚hunnenhaften' Brutalität des barbarischen Feindes, ohne dass er auch nur einen Augenblick so weit zum Nachdenken gebracht worden wäre, dass seine Waffen [...] noch entsetzlicher wirken könnten."[13] Diese Lektion wandte Hitler an, als er den lange geplanten Krieg gegen die Sowjetunion vorbereitete. Entschlossen, ihn außerhalb der Normen des Völkerrechts zu führen, sorgte er in seinen Reden, Befehlen und Instruktionen dafür, dieses Szenario zu verschleiern, indem er den Gegner zum Rechtsbrecher abstempelte. Der Sowjetunion wurde unterstellt, *sie* habe einen Angriff geplant, dem das deutsche Reich nur zuvorgekommen sei, *sie* betreibe eine „asiatische" Kampfesweise und zeige ein Verhalten außerhalb jeder Kriegskonventionen und jenseits aller Standards einer Kulturnation: „Im Kampf gegen den Bolschewismus ist mit einem Verhalten des Feindes nach den Grundsätzen der Menschlichkeit oder des Völkerrechts nicht zu rechnen", das wurde der Schlüsselsatz dieses diabolischen Propagandamanövers.[14] Was mit dieser Verteufelung des Gegners erreicht wurde, war, was beabsichtigt war: die Überzeugung von der eigenen gerechten Sache. Die Kriegführung der Deutschen reagierte offensichtlich nur auf die permanenten Rechtsbrüche der Roten Armee und versuchte die eigenen Soldaten davor zu schützen. Wenn man vom üblichen militärischen Ehrenkodex abwich, so war das ein vom Gegner erzwungener „Kriegsbrauch mit östlichen Mitteln" und eine „Rückkehr zum alten Kriegsbrauch" vor der Einführung des Völkerrechts auch auf dem Schlachtfeld.[15] Der eigene Kampf, indem er dem permanenten Rechtsbruch des Gegners widerstand und ihn bestrafte, erhielt so, geadelt durch das Opfer der gefallenen Kameraden, eine hohe moralische Legitimation, die jeden Zweifel an der eigenen Kriegsführung ausschloss. Ein ehemaliger Soldat hat sich nach dem Krieg selbstkritisch an die Folgen dieser Manipulation erinnert: „Selbst Phänomene, die eigentlich deutlich auf den Vernichtungscharakter dieses ‚Krieges' hinwiesen, habe ich (wie wohl die allermeisten Frontsoldaten) eingeordnet in ein ganz allgemeines, um nicht zu sagen ‚normales' Kriegsgeschehen und militärisches Unternehmen."[16] Luis Raffeiner wie Millionen seiner Kameraden hatten von diesen Plänen eines Rassen- und Eroberungskrieges ebenso wenig Kenntnis wie von den längst vorliegenden verbrecherischen Befehlen oder der beabsichtigten Gehirnwäsche durch die von Hitler persönlich angeleitete Wehrmachtspropaganda, als sie längs der Grenze der Sowjetunion von der Ostsee bis zum Schwarzen Meer in die geheimen Angriffsstellungen eingerückt waren. „Nun erfuhren wir", berichtet er, „dass Russland unser Ziel war. Zu diesem Zeitpunkt fiel das erste Mal der Name ‚Unternehmen Barbarossa'. Wir konnten uns darunter rein gar nichts vorstellen. Näher informiert wurden wir einfachen Soldaten ohnehin nicht. Und zu fragen hätte sich keiner getraut." (62) Auch die Rede Hitlers im Radio, in der dieser die Gefahr des Bolschewismus beschworen und die Rettung der europäischen Zivilisation gepredigt hatte, blieb ihm rätselhaft. Da ging es dem Panzerwart Luis Raffeiner wie dem Musketier Ulrich Braeker im September 1756. Braeker war im Tockenburg, einem Schweizer Bergtal, in ärmlichsten Verhältnissen unter Bauern aufgewachsen und als junger Mann in die Armee des großen Preußenkönigs gepresst worden. Vor einer der Entscheidungsschlachten des Siebenjährigen Krieges bei Lobositz in Böhmen schilderte er seine Lage so: „Ich schreibe nur, was ich gesehen, was allernächst um mich her vorging und besonders was mich selbst anging. Von den wichtigsten Dingen wussten wir gemeine Hungerschlucker am allerwenigsten, auch kümmerten wir uns nicht viel darum."[17] Raffeiner wird, wie sein literarischer Vorgänger, alles aufschreiben, was er in den kommenden Jahren sah. Auch bei ihm wird es das sein, was in seiner Umgebung geschah und was ihn persönlich anging. Aber er wird anderes als bei Lobositz zu sehen bekommen, und es wird ihn ein Leben lang nicht mehr loslassen.

Bilder des Schreckens

Raffeiner, dessen Sturmgeschützabteilung 243 als Teil der 17. Armee am 22. Juni 1941 in die Ukraine einmarschiert war, erfuhr schon in den ersten Tagen des Krieges seine Initiation: der geballte Feuerschlag der Artillerie, die vorpreschenden Rudel der Panzer, an deren Flanken die Armada der Infanterie. Der Krieg als „Höllennacht" und „Inferno". Und dann das Grauen, das die eigene Waffe anrichtete: durch gezieltes Feuer in die Schießscharten einer Bunkerlinie die feindlichen Mannschaften ausschalten, mit Granaten, die erst im Innern explodierten. „Wie es danach da drinnen aussah, war schrecklich." (64) Es dauert drei Monate, bis er wieder eine Schlacht und deren Grauen beschreiben wird, fast 1200 Kilometer weiter im Osten, als die ukrainische Metropole Kiew eingeschlossen wurde und am 19. September 1941 fiel. „Wie es nach einem solchen Kriegsgetümmel aussah, war dermaßen makaber, dass es mir stark an den Nerven zehrte. Von Leichen konnte man zum Teil gar nicht mehr sprechen. Es lagen nur noch menschliche Brocken herum; sogar in den Bäumen hingen Körperteile." (68) Die üblichen Landsergeschichten sehen anders aus, es sind Heldengeschichten.

Die 17. Armee war nach Durchbrechen der sowjetischen Grenzbefestigungen auf heftigen Widerstand gestoßen, der das Tempo des Vormarschs erheblich drosselte. Ähnlich erging es den beiden anderen Armeen, der am Nordflügel operierenden 6. und der im Süden von Rumänien vorrückenden 11. Armee. Das Ziel, in großen Kesselschlachten rasch alle sowjetischen Truppen westlich des Dnjepr zu vernichten, schlug ebenso fehl wie die rasche Einnahme von Kiew und die Bildung von Brückenköpfen südlich der Stadt, die den weiteren Vormarsch in die Industriezentren und zu den Ölfeldern im Südosten ermöglichen sollten. Der Feldzugsplan der Heeresgruppe Süd für die erste Etappe war damit gescheitert.[18] Auf dem Weg zur ukrainischen Metropole gelang es nur einmal, am 8. August bei Uman, den Feind einzukesseln, mehr als 100.000 Gefangene zu machen und große Mengen Kriegsmaterial zu erbeuten.[19]

Raffeiner erzählt nichts von dem zermürbenden Vormarsch und den schweren Kämpfen in den ersten sechs Wochen des Feldzuges. Er nennt nur die Namen einiger Städte. Seine Einheit, die Sturmgeschützabteilung 243, war für die erste Etappe des Vormarsches geteilt worden: Während die 1. Batterie als unterstellter Teil der 1. Gebirgsdivision im Verband des XXXXIX. Gebirgskorps auf Lemberg angesetzt war, gehörten Raffeiners 2. und die 3. Batterie zum IV. Armeekorps und stießen zusammen mit der 24. Infanteriedivision auf Rawa-Ruska vor. Danach setzten die beiden Batterien den Vormarsch nach Osten fort: Tarnopol, Proskurow, Starikonstantinow, Berditschew, Schitomir, Winniza, Uman waren die Hauptstationen auf diesem Weg und die Namen der wichtigsten Schlachten.[20] Die Sturmgeschütze, die wegen der hohen Mobilität und ihrer gefürchteten Distanzwaffen an jeden Brennpunkt beordert werden konnten, um der eigenen Infanterie Schneisen freizuschießen oder feindliche Artilleriestellungen auszuschalten, kamen überall bei diesen Kämpfen zum Einsatz. Sie unterstützten dabei die unterschiedlichsten Verbände – Divisionen der Infanterie, der Gebirgstruppen und der Waffen-SS.[21] Seit dem 19. Juli gehörten Raffeiners 2. und die 3. Batterie zum XXXXIX. Gebirgskorps.[22] Und seit dem 1. August war durch die Rückkehr der 1. Batterie die Abteilung wieder komplett: Gemeinsam mit der 125. Infanteriedivision kam die Sturmgeschützabteilung 243 in der Kesselschlacht von Uman vom 3. bis 8. August 1941 zum Einsatz.[23]

Aber all diese Kriegsgeschichten interessieren unseren Chronisten nicht. Er notiert nur, was ihm außerhalb des militärischen Geschehens begegnet ist: heitere Stunden mit den Einheimischen, ein Schabernack mit zwei jungen Frauen, der erste russisch-orthodoxe Gottesdienst in einer Kirche in Schitomir nach langen Jahren.[24] Und: „Bilder des Schreckens" (66). Er hatte sie damals beim Vormarsch mit seiner Voigtländer-Kamera geknipst und nach Hause geschickt. Was sich von dieser Chronik heute erhalten hat, ist nur ein harmloser Rest „touristischer" Motive und „Familienfotos" mit Kameraden. Aber der fotografische Blick ist in seinem Text gegenwärtig: im prägnanten Ausschnitt und in der Genauigkeit des Bildes. Raffeiner ist nah herangegangen an den Schrecken.

Schon in den ersten Tagen erlebte er den Krieg im Krieg – die Verfolgung der Juden. Er sah sie als Zwangsarbeiter beim Straßenbau. Was ihm auffiel: Sie waren „übel zugerichtet" und sie wurden „wild drangsaliert". (65) Welche Wehrmachtseinheit sie bewachte, kommandierte und prügelte, teilt Raffeiner nicht mit, wohl aber, dass er sich einen Juden als persönlichen Zwangsarbeiter geholt hat – zum Tragen seines schweren Werkzeugkoffers. Neben den von der Truppe als öffentliches Spektakel aufgezogenen Demütigungen der Juden waren solche zivilen „Dienste" – Panzer waschen, Munition schleppen, Quartiere reinigen – üblich.[25] Unüblich war es, sich dafür zu bedanken und gar mit einem ganzen Laib Brot, wie Raffeiner das tat.

Beim weiteren Vormarsch begegnete er den Juden auf dem Weg in den Tod – sie wurden „zusammengetrieben und umgebracht".[26] (67) Andere Zivilisten waren als sogenannte Partisanen gehängt worden.[27] Und Raffeiner wurde des furchtbaren Schicksals der gefangenen Rotarmisten gewahr, als sie vom Schlachtfeld bei Uman nach rückwärts getrieben wurden, in Dreierreihen, ein endloser Zug von Erschöpften und Hungernden. Als einem von Gasen aufgeblähten toten Pferd der Bauch zerplatzt und die Därme heraus-

fliegen, stürzt sich einer der Gefangenen auf die stinkenden Inne-
reien und verschlingt sie – ein Opfer der von der politischen
Führung in Berlin gewollten und von der Wehrmacht vor Ort be-
triebenen Hungerpolitik. In den deutschen Gefangenenlagern würden vor Hunger irre Rotarmisten später auch über die Leichen ihrer Kameraden herfallen.[28] „Möge Gott uns vor solch einem
Schicksal bewahren!" (69), dieses Stoßgebet, das Raffeiner ent-
fährt, ist kein Ausdruck des Ekels oder der Verachtung für den von
der täglichen Propaganda als „vertierten Halbasiaten" oder „slawi-
schen Untermenschen" diffamierten Gegner. Der Bericht des Chronisten ist frei von solchen rassistischen Stereotypen. Es ist der
Kommentar eines Menschen, der im Schicksal des anderen auch
das mögliche eigene wahrnimmt: Das bist du.

Die Finten der Erinnerung

Raffeiner berichtet aber auch von den Verbrechen des Gegners.
Die stalinistische Geheimpolizei NKWD hatte nach dem Überfall
auf die Sowjetunion und dem raschen Vormarsch der Wehrmacht in
die Ukraine die Insassen ihrer Gefängnisse nicht mehr nach rückwärts verlegen können und Tausende von ihnen auf Befehl Berijas
ermordet. Unter den Häftlingen befanden sich zahlreiche Angehörige der mit den Deutschen kollaborierenden Organisation der
ukrainischen Nationalisten (OUN). Nach der Besetzung der ukrainischen Städte durch die Wehrmacht wurden die Truppen regelmäßig an die Tatorte geführt, um ihnen, wie Goebbels die Stichworte
für seine Propagandakampagne notiert hatte, anhand des überra-
schend gelieferten „Gräuelmaterials" den Bolschewismus als
„Menschheitsgeißel" zu präsentieren – „Moskau ohne Maske".[29]
Gleichzeitig wurden durch Kommandos der SS und Milizen der
antisemitischen OUN zur „Vergeltung" Tausende Juden als angeb-
liche Verursacher der Morde in den Gefängnissen erschossen.[30]

Raffeiner will von einem solchen Verbrechen des NKWD an politischen Gefangenen nach einem Aufenthalt in der Ortschaft Bar bei Winniza gehört und wie seine Kameraden zunächst geglaubt haben, die SS sei für das Verbrechen verantwortlich gewesen. Aber ein Offizier habe das „richtiggestellt" und „als Beweis" für die Gräueltat der Russen Fotos an sie verteilt. (66) Das Ereignis dürfte weder in Bar noch in Winniza, die am 16. bzw. am 20. Juli 1941 von Einheiten des XXXXIX. Gebirgskorps, der 1. und der 4. Gebirgsdivision, erobert worden waren, stattgefunden haben.[31] Die Morde des NKWD ereigneten sich in der ersten Woche nach dem Einmarsch der Wehrmacht und in Städten, die höchstens 200 km von der Grenze entfernt waren.[32] Das passte nicht auf die beiden Orte. Der Hinweis Raffeiners, bei der Ankunft seiner Einheit in der Stadt habe sich dort bereits „eine SS-Einheit" (66) befunden, weist in eine andere Richtung: Kommandos der Einsatzgruppe C[33] hatten bald nach der Einnahme der Stadt, in der von 90.000 Einwohnern ein Drittel Juden waren,[34] mit deren Erschießung begonnen.[35] Die Erinnerung an einen NKWD-Mord wäre demnach eine Deckgeschichte für ein deutsches Verbrechen. Allerdings konnte sie sich durchaus auf reale Erfahrungen stützen: Spätesten seit der Eroberung von Lemberg in der Nacht vom 30. Juni und den dort aufgefundenen NKWD-Opfern war das Thema allen Angehörigen der Heeresgruppe Süd bekannt. Fotos, die eine Propagandakompanie der Waffen-SS-Division „Wiking" bei einer amtlichen Leichenschau durch einen Heeresrichter und einen Truppenarzt am Vormittag des 30. Juni aufgenommen hatte,[36] konnten ebenso wie die in den nächsten Tagen privat geknipsten Fotos von allen Soldaten erworben werden. Zwei Fotos, die sich im Bestand von Raffeiner gefunden haben und ein Dutzend ausgegrabener Leichen zeigen, könnten aus diesem Lemberger Bildfundus stammen.[37] Aber der Chronist könnte auch an anderen Orten des Geschehens direkter Zeuge geworden sein – in Zloczow, in Zborow,

in Tarnopol oder in Berezany.[38] Wahrscheinlich haben sich bei
Raffeiner schon damals unterschiedliche Tatorte, Zeitpunkte, Formen der Zeugenschaft überlagert, und die Erinnerung hat mit dem
Abstand der Jahre und der veränderten Bedeutung der Ereignisse
für ihn noch einmal einen neuen Mix hergestellt, bei dem es unmöglich ist, den ursprünglichen Tatsachenkern freizulegen. Das
sind die Finten, mit denen das ständig um Anpassung an das posi-
tive Selbstbild und um Harmonisierung der gröbsten Widersprüche
bemühte Organ Erinnerung das sich erinnernde Ich wie den exter-
nen Beobachter narrt. Man muss darauf bei jeder Erzählung und
bei jedem Text über Nazizeit und Krieg gefasst sein.[39]

Im Herzen der Finsternis

Raffeiners Einheit war nach der Besetzung Kiews am 19. September von der Südfront nach Norden in den Befehlsbereich der Heeresgruppe Mitte abkommandiert worden, um an der geplanten Eroberung Moskaus teilzunehmen. Am 30. September und mit Masse
am 2. Oktober setzten sich die drei Armeen und drei Panzergrup-
pen nach Osten in Bewegung. Das „Unternehmen Taifun", die
letzte Offensive des Jahres 1941, hatte begonnen. Am 7. Oktober
waren Wjasma und Brjansk erobert und das Gros der sowjetischen
Verbände in zwei Kesseln eingeschlossen worden, die bis zum 20.
Oktober „ausgeräumt" wurden: Laut Wehrmachtsbericht gingen
648.196 Rotarmisten in deutsche Gefangenschaft. Schon während
dieser Abschlussoperation erhielten Teile der deutschen Truppen,
in Überschätzung des gerade erzielten Triumphes und in Fehlein-
schätzung der sowjetischen Reserven, den Befehl, den Vorstoß auf
Moskau fortzusetzen. Aber der gegnerische Widerstand versteifte
sich, der zügige Nachschub von Truppenverstärkung und Treibstoff
misslang, und die einsetzenden Schnee- und Regenfälle machten
das Vorankommen von Panzern, Lkws und Mannschaften zuneh-

mend unmöglich. Spätestens am 1. November ruhten alle deutschen Angriffsoperationen. Sie wurden erst ab Mitte November, nach Klärung der deutschen Angriffsziele und Einsetzen des Frostwetters, wieder aufgenommen.[40]

Raffeiners Einheit, die als Teil der 243. Sturmgeschützabteilung zur 2. Armee abkommandiert war, nahm an dieser entscheidenden Phase des Feldzuges aufgrund besonderer Umstände nicht teil. Nur die 1. Batterie war bei der Kesselschlacht von Brjansk eingesetzt. Die anderen beiden Batterien erreichten den neuen Einsatzraum erst nach der Einnahme der Stadt am 7. Oktober.[41] Aber auch bei der danach durchgeführten Verfolgungsjagd in Richtung Tula kam Raffeiners 2. Batterie wegen der Zerstörung ihrer Panzer nicht zum Einsatz. Diese Periode der Untätigkeit verlängerte sich, als Ende Oktober alle Operationen der Heeresgruppe Mitte eingestellt wurden. Die Zeit wurde genutzt, um bei der Sturmgeschützabteilung 243 die entstandenen Lücken an Personal und Waffen „aufzufrischen".[42] In dieser Zwangspause fand Anfang November der überraschende Abstecher nach Minsk statt, von dem Raffeiner berichtet. Weil sein Leutnant einen Pkw reparieren lassen wollte, entstand eines der ganz seltenen Zeugnisse eines Wehrmachtssoldaten aus der frühen Phase des Holocaust.

Am 19. Juli 1941 hatte der Minsker Feldkommandant der Wehrmacht einen hauptsächlich von Juden bewohnten Bezirk mitten in der Stadt als Ghetto deklariert, das Gebiet mit einem dreifachen Stacheldrahtzaun von den umliegenden Vierteln abgetrennt und ca. 60.000 weißrussische Juden dort zu Gefangenen gemacht.[43] Nachdem das Ghetto von Minsk, wie das von Riga, zu einem Vernichtungsghetto bestimmt und die Deportation von 25.000 Juden aus dem Reich dorthin beschlossen worden war, sollte mit der Ermordung von 12.000 weißrussischen Juden Platz für die Neuankömmlinge geschaffen werden: In drei großen „Aktionen" wurden vom 7. bis 9. November 6.624, am 20. November weitere 5.000

und am 11. Dezember 1941 noch einmal 2.000 Juden erschossen. Die Schützen waren Angehörige der Einsatzgruppe A und Kommandos weißrussischer und lettischer Kollaborateure.[44] „Im Ghetto begegneten wir lauter Elend" (91), so lautet der erste Satz des Chronisten über seinen Besuch im Minsker Ghetto. Es klingt wie eine Überschrift und ist zugleich die Zusammenfassung des im Folgenden Erlebten. Einleitend hat Raffeiner mitgeteilt, dass er von einem Kameraden und einem Unteroffizier begleitet wurde, dessen Namen Seifenheld er nennt. Durch diese Zeugen wird sein Bericht zu einem beglaubigten Dokument, zu einem Zeugnis an Eides statt. Auf der Suche nach Bettgestellen hatten die drei ein Gebäude betreten, in dem sie auf eine große Gruppe von Juden stießen, darunter ein guter Bekannter des Unteroffiziers aus dessen Heimatstadt Berlin. Der Besitzer einer Metzgerei, der unter dem Vorwand, er könne sich hier „ansiedeln", mit nur einem Koffer nach Minsk transportiert worden war, hatte wegen der Verhältnisse im Ghetto und der Berichte der vorangegangenen Mordaktionen plötzlich Angst bekommen vor dem, was kam. Wider besseres Wissen, so erzählte der sichtlich angegriffene Unteroffizier nach dem Gespräch seinen beiden Kameraden, habe er den Landsmann getröstet und ihm den drohenden Tod auszureden versucht. Diesem begegneten die drei dann vor dem Gebäude, wo ein mit Juden beladener Lkw stand; er wurde vom Chauffeur eines leer hereinkommenden Lkw übernommen und aus dem Ghetto gefahren. Die wachhabenden SS-Männer erklärten auf Befragen bereitwillig und stolz, was hier ablief: Jeden Tag würden 3.000 Juden zur Exekution weit vor der Stadt abtransportiert, sie würden an langen Gräben, Schicht auf Schicht, erschossen, nur die kleinen Kinder erschlüge man, damit sie beim Transport nicht schrien, schon im Lager und verscharrte sie später in den Massengräbern ihrer Eltern. „Dass es gegen die Juden ging, wussten wir zwar", bekennt Raffeiner. Aber „von einem solchen Ausmaß an Massentötungen" habe er hier zum ersten Mal erfahren. Und, so fügt er hinzu, er sei später nie direkter Augenzeuge einer solchen geworden. (93) Der erste Satz enthält das Eingeständnis eines allgemein verbreiteten Wissens über den geplanten Judenmord. Auf die Nachfrage nach dem Sinn dieses dunklen Satzes hat Raffeiner geantwortet, sie hätten damals alle gewusst, dass die Juden vernichtet würden und von ihren Offizieren auch einen Grund genannt bekommen: weil die Juden „das deutsche Volk unterjochten". Der zweite Satz bestätigt, was der Chronist über kleinere Erschießungsaktionen beim Vormarsch schon früher berichtet hat. Sein dritter Satz verrät die Weigerung, sich einzugestehen, dass er gerade Zeuge einer „Massentötung" geworden war.

Am 11. November 1941 war der erste Zug mit 1.000 Juden aus Hamburg eingetroffen, in den nächsten Tagen folgten Transporte mit der gleichen Zahl Düsseldorfer, Frankfurter und Berliner Juden. Der Zug aus Berlin traf am 18. November in Minsk ein.[45] Der Berliner Bekannte des Unteroffiziers war also erst vor zwei Tagen angekommen und versuchte, wie Tausende anderer Landsleute, sich an dem furchtbaren Ort zurechtzufinden. Raffeiner war nicht nur zufällig Zeuge der Ankunft der ersten Deportationszüge mit deutschen Juden vom 11. bis 18. November geworden. Er dürfte auch von seiner Gastgeberin, die über nicht mehr benutzte Bettgestelle im Ghetto informiert war, und von seinem Unteroffizier, der „schon einiges über dieses Ghetto wusste" (91), von der vorausgehenden Mordaktion an mehr als 6.000 weißrussischen Juden vom 7. bis 9. November gehört haben. Und er wurde Zeuge, wie weitere 5.000 von ihnen am 20. November 1941 zur Erschießung abtransportiert wurden. Ein Dreivierteljahr später sollte die nächste Etappe des Plans realisiert werden, den der Unteroffizier kannte, aber seinem Berliner Bekannten verschwiegen hatte: Am 29. Juli 1942 wurden erstmals auch 3.500 deutsche Juden erschossen.[46] „Mich schauderte, und ich war froh, das Lager wieder verlassen zu dürfen." (93) In diesem abschließenden Satz des Chronisten ist beides enthalten: das direkte Erleben, was mit mehr als zehntausend Juden im Ghetto Minsk im November 1941 geschah, und die furchtbare Ahnung, was mit Hunderttausenden anderen danach noch geschehen würde.

Auf der Rückfahrt von Minsk stießen die vier Soldaten, nach einer kurzen Rast in Smolensk, auf eine immer mehr zunehmende Zahl von Leichen am Wegrand. Das Rätsel wurde gelöst, als sie einer der zahlreichen Gefangenenkolonnen begegneten, die nach der Kesselschlacht von Wjasma und Brjansk aus den provisorischen Sammelstellen an der Front in die „Durchgangslager" im Hinterland getrieben wurden. Diese Rückführungen waren Todesmärsche. Die wegen der Einkesselung schon ausgehungerten Gefangenen wurden ohne ausreichende Verpflegung bei bitterer Kälte zu Fußmärschen von 150 bis 250 Kilometern gezwungen. Zehntausende krepierten oder wurden, wenn sie nicht mehr weitergehen konnten oder zu flüchten versuchten, an Ort und Stelle erschossen. Die zahlenmäßig schwachen Begleitkommandos hatten aufgrund der Befehle einen Freibrief, nach Belieben zu verfahren. Einige Befehlshaber erließen sogar ausdrückliche Befehle: „Schlappmachende Kriegsgefangene [sind] zu erschießen".[47] Oft erreichte nur ein Drittel der losmarschierten Gefangenen das vorbestimmte Ziel.[48] Die Gefangenenkolonne, der die beiden aus Minsk kommenden Pkws Ende November 1941 begegneten, war ein Teil dieses in den Einzelheiten niemals mehr aufzuklärenden Großverbrechens: Zwei Wachposten, die ein paar Hundert Kriegsgefangene begleiten mussten, schossen „gnadenlos" auf jeden, der zu flüchten versuchte. Interessant ist, was dann folgte: Raffeiner und seine Kameraden, offensichtlich schockiert über den Vorgang, den sie sich nur aus der unglücklichen Asymmetrie von Bewachern und Bewachten erklären konnten, fuhren hinter der Kolonne her und fragten die beiden Posten, ob sie „Verstärkung schicken sollten". Die Antwort war ein klares Nein. (94) Offensichtlich war das, was den Beobachtern als Missverhältnis vorkam, für die Akteure das normale, weil erwünschte Arrangement: Man wollte die Zahl der Gefangenen reduzieren. In der Wehrmachtsführung hatte man bis Ende Dezember 1941, als aus Hitlers Entscheidung, die Kriegsgefangenen als Arbeitskräfte in Deutschland zu benutzen, konkrete Befehle wurden, nichts dagegen, dass möglichst viele von ihnen krepierten. Und im Ostministerium galt als oberstes Ziel deutscher Besatzungspolitik, „das Russentum so zu schwächen, dass es uns nicht mehr durch die Masse seiner Menschen überwuchern kann".[49] Neben dem Völkermord an den Juden war auch der an den Slawen geplant.

Aufhören, ein Mensch zu sein

Raffeiner erreichte, nachdem er aus Minsk nach Brjansk zurückgekehrt war, erst Ende November 1941 die Front vor Tula. Seine Einheit, immer noch ohne Ersatz für die in Brjansk verbrannten Sturmgeschütze, war dort Guderians Panzergruppe 2 unterstellt. Deren Angriffsoperationen aber hatten sich wegen der eigenen Versorgungsschwierigkeiten und der neu zugeführten, frischen Feindkräfte 200 km vor Moskau festgerannt. Als selbst die Einnahme der Stadt Tula, die seine Winterstellung werden sollte, gescheitert war, befahl Guderian am 5. Dezember den Abbruch der Operationen. Auch die Angriffe der übrigen Verbände der Heeresgruppe Mitte waren in den Tagen davor zum Stehen gekommen. Die Truppen waren durch die Strapazen des Vormarschs ausgelaugt und durch die hohen Verluste dezimiert. Sie befanden sich, bei Temperaturen von minus 40 Grad, ohne ausreichende Verpflegung und Winterkleidung, in einem Zustand völliger Erschöpfung und am Rande der Apathie. Es fehlte an Betriebsstoff, Munition, Verstärkung und vor allem – an einem Ausstiegsszenario. Hitler gestattete der Panzergruppe 2 und anderen Verbänden, an feindbedrohten

Frontabschnitten kämpfend nach rückwärts auszuweichen, aber den Vorschlag der meisten Truppenführer, mit einem einzigen großen Sprung, unter Zurücklassen des Materials, auf eine zusammenhängende Verteidigungslinie zurückzugehen und dort feste Winterquartiere zu beziehen, lehnte er am 16. Dezember ab: Die Truppe sei „zum fanatischen Widerstand in ihren Stellungen zu zwingen, ohne Rücksicht auf durchgebrochenen Feind in Flanke und Rücken".[50] Nachdem die physisch angeschlagenen Oberbefehlshaber der Heeresgruppe Mitte und des Heeres, von Bock und von Brauchitsch, entlassen worden waren, übernahm Hitler am 19. Dezember selbst den Oberbefehl über das Heer. Weitere Heeresgruppen- und Armeeführer, darunter die widerspenstigen Panzergeneräle Guderian und Hoepner, wurden in den nächsten Wochen abgelöst. Erst als die Rote Armee am 26. Dezember 1941 eine Großoffensive an der gesamten Moskauer Front eröffnete und die Heeresgruppe zwang, in zum Teil panisch verlaufender Fluchtbewegung alle bisherigen Stellungen preiszugeben, erlaubte Hitler am 12. Januar 1942 den Rückzug in die „Winterstellung". Ab Mitte Februar war eine zusammenhängende Verteidigungslinie entstanden und die Front hatte sich stabilisiert.[51]

Die Sturmgeschützabteilung 243, verschiedenen Divisionen unterstellt, war beim Vorstoß auf Tula nicht an der Hauptkampflinie eingesetzt, sondern hatte den Auftrag, den Angriff abzuschirmen. Das erlaubte ihr, als die Front zerbrach, statt in panischer Flucht relativ geordnet in den Raum Orel-Kursk, also auf die Ausgangsstellungen vom November 1941, zurückzugehen.[52] In Maloarchangelsk stationiert, fungierte sie ab 23. Februar 1942 als Eingreifreserve des LV. Armeekorps.[53] „Hitlers Wahnvorstellung, bis zum Wintereinbruch die Russen besiegt zu haben, kostete unzähligen Menschen sinnlos das Leben", so hat Luis Raffeiner die erste Niederlage dieses Krieges charakterisiert. (95) Nicht nur Hitler war's, auch seine Generäle hatten anfangs davon geträumt, das Zentrum des Riesenreiches doch noch zu erobern und den Krieg hier zu entscheiden. Raffeiner erlebte das Ende dieses Größenwahns als Albtraum, als physischen Ausnahmezustand und moralische Katastrophe. Um zu überleben, wurde er zum Feind der Zivilbevölkerung, zum Räuber und Brandleger.

Das hatte alles einmal ganz anders begonnen. Nach Raffeiners militärischer „Feuertaufe" beim Durchstoßen der feindlichen Grenztruppen und Befestigungsanlagen im Juni 1941 war es schon bei der zweiten Rast zu einer herzlichen Begegnung mit der Dorfbevölkerung gekommen: Ein Kamerad hatte den im Dorf zurückgebliebenen Frauen, Kindern und Alten auf einem irgendwie organisierten Grammophon russische Schallplatten vorgespielt. Unter armen Bauern im Schnalstal aufgewachsen, hatte der Südtiroler in deutscher Wehrmachtsuniform neugierig die ukrainische Variante dieser bäuerlichen Kultur in Augenschein genommen – die aus vorgefundenem Material erbauten Holzhäuser, deren nackte Lehmböden und karge Inneneinrichtung, die Öfen, auf denen sie schliefen, die Lebensgewohnheiten der Bewohner. Um sich beim weiteren Vormarsch mit den Einheimischen verständigen zu können, hatte er das an die Truppe verteilte Wörterbuch eifrig studiert. Das hatte ihm „so manche heitere Stunde" beschert. (64)

Jetzt, nur ein halbes Jahr später, nahm er erstmals einem toten Russen Hose und Pelzmütze ab und besorgte sich vier weitere Hosen bei Toten oder Lebendigen als Ersatz für die nicht gelieferte Winterbekleidung. Als die endlich angekommenen neuen Sturmgeschützpanzer wegen der Kälte nicht ansprangen, ließ er Wohnhäuser abbrechen, um mit dem Holz Feuer unter den vereisten Fahrzeugen zu machen. Er wusste um die Folgen: „Die Menschen, die in den ohnehin armseligen Unterkünften hausten, wurden obdachlos." Und fügt hinzu: „Krieg kennt keine Gnade." (96) Wenig später, am Heiligabend, steckten er und seine Kameraden auf dem Rückzug ein ganzes Dorf in Brand, um den Vorstoß der Roten Armee aufzuhalten. Sein Kommentar: „Zu Hause wird der Mesner in diesen Augenblicken die Kerzen für die Christmette anzünden, und wir zünden mit unseren Fackeln unschuldigen Menschen ihre Hütten an! [...] Bei extremen Minusgraden wurden die Leute obdachlos. Das war unser Weihnachten." Und dann, sein spontanes Mitgefühl unterdrückend, fährt er fort: „Doch Zeit für lange sentimentale Überlegungen gab es im Krieg ohnehin nicht. Wir mussten schauen, dass wir selbst heil herauskämen!" (99) Auch Gefangene mussten jetzt „an Ort und Stelle umgebracht werden". Raffeiner konnte zwar erreichen, dass er von diesem Auftrag befreit wurde, aber er sah zu, wie ein anderer das für ihn übernahm und dafür sorgte, dass „eine russische Hütte samt den darin befindlichen Gefangenen in Flammen aufging". (104)

Oft brannten die Hütten der Bauern auch ab, wenn die von der arktischen Kälte ausgefrorenen Landser die Öfen mit allem Brennbaren vollstopften und so überheizten, dass diese Feuer fingen. „Wir waren nun mal keine Heiligen", lautet der lakonische Kommentar des Chronisten. (100) Natürlich raubten sie auch, um die ausbleibende oder zu dürftige Verpflegung zu kompensieren, den Dorfbewohnern die letzte Henne und die einzige Kuh. „Organisieren" hieß damals diese zivil klingende Umschreibung für systematisches Plündern. „Natürlich haben sie geweint, wenn wir ihnen das Vieh weggenommen haben", notiert Raffeiner. Aber sein Mitleid bleibt aus: „Schuldgefühle hatte ich aber keine." (100)

Was Raffeiner und seine Kameraden taten, war die Befolgung von Befehlen: Die Truppe musste „sich aus dem Lande ernähren",[54] Soldaten durften Gefangenen und Zivilisten zum eigenen Gebrauch Pelzstiefel und Pelzmützen, wattierte Jacken und Mäntel wegnehmen[55] und mussten alle Wohnhäuser und Zweckbauten „ohne Rücksicht auf die Zivilbevölkerung" beim Rückzug zerstören.[56] Und die sofortige Erschießung der Gefangenen, die bisher nur von bestimmten Einheiten wie der Waffen-SS oder den Vorausabteilungen der Wehrmacht praktiziert worden war, wurde jetzt in der „Winterkrise" für die gesamte Truppe verbindlich.[57] Man merkt dem Bericht Raffeiners an, wie schwer es ihm gefallen ist, diesen Befehlen damals zu folgen, oder von den damaligen Verbrechen später zu reden: Er schreibt sie dem Krieg zu, der angeblich „keine Gnade" kennt oder keine „sentimentalen" Regungen zulässt, bei dem es nur darum ging, „selbst heil herauszukommen". Der Krieg, das war sein Fazit nach einem halben Jahr Front, heiligte die Mittel und verschob alle bis dahin gültigen moralischen Maßstäbe: „In dieser Welt war das normal, das war kein Verbrechen. Das war Krieg, das gehörte dazu, es ging ums Überleben." (100/101) Wenn man solche Sätze heute nach siebzig Jahren und in einer zivilen Umgebung liest, muss man sich die Umstände vorstellen, aus denen sie entstanden: Zum ersten Mal in diesem Krieg erfuhren die bisher sieggewohnten Soldaten der großdeutschen Wehrmacht, was es hieß, unter Zurücklassen von schweren Waffen und Gerät flüchten zu müssen, von einem überlegenen Gegner eingekesselt und aufgerieben zu werden, einem Winter ausgesetzt, bei dem die Füße schwarz wurden vor Kälte und die erfrorenen Hände keinen Karabiner mehr halten konnten, mit einer kopflosen Führung, die heute den Rettung versprechenden Rückzugsbefehl und am nächsten Tag den todbringenden Haltebefehl erteilte, zu wissen, dass es für die Verwundeten kein Lazarett und für die Gefallenen kein Grab mehr gab. Auch wenn es gelang, sich irgendwo wieder festzusetzen, Unterkünfte zu finden, eine Verteidigungslinie zu bilden, Verpflegung zu bekommen – die heulenden Raketenschwärme der Stalinorgel und die nicht aussetzenden Angriffe der Bomber, der ständige Wechsel von Ruhestellung und Alarm, Flecktyphus und Quarantäne machten das gerade gerettete Leben weiter zur Hölle. Ein Bild wie von Breughel: Raffeiner, in eine Ecke der Bauernhütte gekrochen, schützt den Kopf mit nichts als den Händen, Raffeiner, vor dem gemauerten Ofen kauernd, steckt seinen Kopf in das verrußte Ofenloch. „Unser aller Nerven waren damals am Boden. Unsere Ängste, unser Leid betäubten wir mit Alkohol. Ich trank in dieser Zeit jeden Abend einen ganzen Liter Schnaps, um das Erlebte besser verkraften zu können. Denke ich an damals, muss ich zugeben: Wir waren keine Menschen mehr." (103) Jeder, der Uniform trug, saß jetzt in der Falle dieses Rassen- und Eroberungskrieges. Alle, auch Raffeiner, waren längst zu Tätern geworden, alle wurden jetzt auch erstmals zu dessen Opfern. Beides, das Wissen um die moralische Katastrophe und die Erfahrung der physischen Apokalypse, musste mit Alkohol betäubt und ausgelöscht werden.

Café Auschwitz

In Raffeiners Berichten bis zu diesem Zeitpunkt lassen sich zwei Haltungen unterscheiden, die unterschiedlichen Phasen zuzuordnen sind: Im Sommer 1941, beim Vormarsch in der Ukraine, registrierte er die Verbrechen von Wehrmacht und SS an Juden und Gefangenen wie die des sowjetischen NKWD aus der Distanz eines neugierigen und empathischen Beobachters. Im Herbst, als er am Mittelabschnitt der Ostfront eingesetzt war, zeigte er im Ghetto Minsk offen seine Erschütterung oder versuchte beim Zusammentreffen mit der Gefangenenkolonne, ein Ende der Erschießungen zu erreichen. Beim Rückzug zum Jahreswechsel 1941/42 erkennt man erstmals eine veränderte Haltung: Der tägliche Umgang mit Tod und Verbrechen in einem halben Jahr Krieg, vor allem aber die Ausnahmesituationen beim Rückzug vor Moskau haben zu Gewöhnung und Abstumpfung geführt. Das verrät sich in seinen hilflos-entschuldigenden Sätzen vom Krieg, der die üblichen Normen der Moral außer Kraft gesetzt habe, und zeigt sich in aller Deutlichkeit bei der Schilderung der öffentlichen Erhängung von drei Partisanen im März 1942. Das „wie ein Festakt" auf dem Marktplatz inszenierte Ereignis war eine Strafaktion und diente der „Abschreckung" der anwesenden Bevölkerung: Die Partisanen, zwei Männer und eine Frau, wurden beschuldigt, über längere Zeit den Bombenflugzeugen des Gegners mit Lichtsignalen die Stellungen der Deutschen verraten zu haben. (108) Die Todeskandidaten mussten, als besondere Strafe, sich gegenseitig den Strick umlegen und den Stuhl unter den Füßen wegschlagen.

Es dürfte nicht das erste und, da die Abteilung bis zum Beginn der Sommeroffensive im Juni 1942 in Maloarchangelsk blieb,[58] nicht das letzte Todesurteil gewesen sein, das dort gegen Partisanen oder Partisanenverdächtige verhängt wurde. Der Begriff des Freischärlers, wie ihn die Wehrmachtsführung im „Erlass über die Kriegsgerichtsbarkeit im Gebiet Barbarossa" vom Mai 1941 definiert hatte, war auf Lehrgängen vor dem Überfall schon dahingehend erweitert worden, dass jede mündliche oder tätliche Form der „Behinderung" der Wehrmacht, aber auch jeder „Verdacht" auf Täterschaft schon den Tod nach sich zog.[59] Ende Juli 1941 wurde dieses Regularium noch einmal verschärft: Jetzt reichte schon die Vermutung einer „Bedrohung" durch die „feindliche Zivilbevölkerung" oder dass einer „hinsichtlich Gesinnung und Haltung verdächtig" erschien, um am Dorfgalgen erhängt oder an den städtischen Balkonen aufgeknüpft zu werden.[60] Daher war in jedem Ort der Sowjetunion von Beginn des „Unternehmens Barbarossa" an, synchron zum Vormarsch, Gerichtstag, und je langsamer die Truppe vorankam, desto häufiger fand er statt. Die Zahl von 63.257 „erledigten Partisanen" bei 638 eigenen Toten im rückwärtigen Heeresgebiet Mitte in den ersten acht Monaten des Feldzugs zeigt, wer das Opfer dieser präventiven Politik der Abschreckung war – die für „feindlich" erklärte Zivilbevölkerung.[61] Bis zum Frühsommer 1942, als der Aufbau von Partisanengruppen hinter den deutschen Linien systematisch organisiert und von der Roten Armee unterstützt wurde, gab es an der Ostfront vonseiten der Wehrmacht nur einen fragwürdigen Partisanenkrieg ohne Partisanen.

Auf die Frage, ob er schon vorher einmal von Partisanen gehört oder einen Galgen mit Erhängten gesehen habe, hat Raffeiner geantwortet, das habe er gesehen, aber nicht registriert, weil es ihn nicht betroffen habe. Diesmal betraf es ihn. Denn Maloarchangelsk, der Ort des Geschehens, war der rettende Stützpunkt bei der Flucht seiner Batterie im Dezember 1941 gewesen und diente seitdem als Standort des 500 Mann umfassenden Trosses seiner Einheit. Als stärkste militärische Formation stellte diese, wie es üblich war, den Ortskommandanten, der die vollziehende Gewalt ausübte. Der Chronist, der gerade mit einem Trupp Kameraden von einem längeren Einsatz an einem vorgeschobenen Frontabschnitt zurückgekommen und also weder die Umstände der Tat noch die der Verurteilung miterlebt hatte, formuliert zwar vorsichtig, dass die drei Erhängten mit dem Feind zusammengearbeitet haben „sollen". (108) Aber die entscheidende Frage, ob sie wirklich schuldig waren, stellt er nicht. Im Gegenteil, dem Text ist eine untergründige Befriedigung anzumerken, dass die Mitverantwortlichen für den Bombenterror, dem er ja selbst während seines ersten Aufenthaltes in Maloarchangelsk ausgeliefert gewesen war, nun ihrer verdienten Strafe zugeführt wurden. Erstmals schildert er ein Verbrechen, ohne dass ihm Skrupel kommen. Mehr noch, er rechtfertigt es.

Von den weiteren Stationen der Abstumpfung des Luis Raffeiner durch den Krieg – von der Sommeroffensive 1942 im Südosten der Sowjetunion und von den Kämpfen um Stalingrad – erfahren wir wenig. Seit seiner wundersamen Rettung aus dem Kessel der Stadt an der Wolga hatte er Glück gehabt: Er kam ins Lazarett, wurde zur Ersatzabteilung der Sturmgeschütze, dann als Instrukteur zu einer Ausbildungsabteilung in der Heimat abkommandiert. Erst im September 1944 treffen wir ihn wieder im Krieg – an der Ostfront, die jetzt mitten durch Polen verlief. Zurückgedrängt von der Roten Armee, habe seine Einheit „den Winter in der Nähe des Duklapasses, an der polnisch-slowakischen Grenze" verbracht. (144)

Dort, im Waldgebirge der Beskiden, hatte im September/Oktober 1944 eine der blutigsten Schlachten dieses Krieges stattgefunden. Zwei sowjetische Armeen versuchten, durch die Eroberung der Pässe den Weg in die Ostslowakei zu öffnen, um den im Westteil des Landes Ende August von ranghohen slowakischen Militärs und regulären Truppen ausgelösten Aufstand zu unterstützen. Vor allem um den Duklapass entbrannte ein drei Wochen dauernder zäher Kampf zwischen der von Marschall Konjew befehligten Armeegruppe und der Heeresgruppe A unter Generaloberst Heinrici: Der Pass, den sowjetische Verbände am 12. September erreicht hatten, wurde am 6. Oktober genommen, nachdem vorher am Lupkapass der Durchbruch gelungen und die Rote Armee auf slowakisches Gebiet eingedrungen war. Die Kämpfe zwischen den erschöpften feindlichen Armeen kamen erst Ende Oktober 1944 zum Stillstand. Die Verluste waren äußerst hoch: Die Wehrmacht hatte 60.000 Ausfälle, davon 13.000 Gefallene und Vermisste, auf sowjetischer Seite waren 125.000 Soldaten betroffen, davon 27.000 Tote und Schwerverwundete.[62] Auch der slowakische Aufstand war Ende des Monats von deutschen Wehrmachts- und SS-Verbänden niedergeschlagen worden: 10.000 Aufständische waren Opfer der Kämpfe geworden, weitere 10.000 bis 20.000 fielen den anschließenden Racheaktionen der deutschen Besatzer zum Opfer.[63]

Nicht nur bei der Abwehrschlacht an den Pässen leisteten die Sturmgeschütze – die Abteilungen 300 und 311 – einen entscheidenden Beitrag.[64] Auch bei der Bekämpfung des Slowakischen Aufstandes kam ein Verband, die 300. Abteilung, zum Einsatz.[65] Raffeiner erwähnt diese Kämpfe nicht, sondern berichtet nur knapp, dass er den Winter in der Nähe des Duklapasses verbracht habe. Er gehörte längst nicht mehr zu seiner alten Einheit. Diese wurde, nachdem sie zweimal im Kampf aufgerieben worden war, im Herbst 1944 ein drittes Mal neu aufgestellt, um im Westen bei der Ardennenoffensive Ende Dezember 1944 eingesetzt zu werden.[66]

Raffeiner kämpfte seit Herbst 1944, wie er berichtet, bei den „Panzerjägern, Abteilung Sturmgeschütze". (143) Es dürfte sich bei seiner neuen Einheit um die Panzerjägerabteilung 152 gehandelt haben. Diese war im Oktober/November 1944 abseits der Hauptkampflinie bei Rückzugsgefechten in den Karpaten, dann in den Beskiden und im Februar 1945 in der Slowakei eingesetzt.[67] Details über diese Kämpfe teilt Raffeiner nicht mit. Den Jahreswechsel jedenfalls hat er in einer Dorfkneipe in der Nähe des Duklapasses verbracht und mit reichlich Schnaps gefeiert. Sein Stimmungsbericht lässt das vergangene Gemetzel und den Ernst der militärischen Lage ahnen: „Es war sowieso alles egal, vielleicht war man morgen schon tot." (144) Wochen später war seine Einheit weiter nach Westen durch die Slowakei und das ehemals tschechische „Reichsprotektorat" nach Oberschlesien abgedrängt worden und hatte in Jablunka, einer polnischen Kleinstadt südlich von Krakau, Stellung bezogen. Als Quartier wählten Raffeiner und seine Kameraden das „Café Auschwitz", dessen Besitzer, ein österreichischer Nazi, geflohen war.

Auch für diesen Zeitabschnitt erfährt man nichts über die militärischen Operationen. Den Krieg, der zum Rückzug geworden war, machte Raffeiner noch mit, aber innerlich hatte er ihn schon verlassen. Wichtiger waren ein warmes Bett, Schnaps und – Beute. Aus den Kriegern waren Marodeure geworden: In dem herrenlosen, aber vornehmen Anwesen des „Café Auschwitz", so berichtet er, „hausten und stöberten wir nach Herzenslust". (144) In der Stadt verschafften sie sich Zutritt zu einer aufgegebenen Eisenhandlung und ließen alles mitgehen, was ihnen brauchbar erschien. Dann stießen sie auf das luxuriöse Schlafzimmer und nahmen es in Besitz: „In diesen Betten zu schlafen, war sehr gemütlich, wir freuten uns unglaublich über diesen Luxus." (145) Victor Klemperer ist dieser Soldateska in der Endphase des Krieges begegnet und hat sie porträtiert: „Die Leute sind resigniert – das sei kein Krieg mehr, nur noch ein Schlachten, die Russen seien in ihrer Übermacht nicht aufzuhalten usw. usw. –, aber sie sind eben nur resigniert und müde [...] und keineswegs rebellisch. Sie lassen sich fraglos weiterschlachten, sie leisten fraglos weiteren Widerstand."[68]

Die Beichte

Der Krieg Nazideutschlands gegen die Sowjetunion wurde nicht gewonnen – obwohl die „verbrecherischen" Befehle befolgt und die vom „Generalplan Ost" vorgegebene Maßzahl von 31 Millionen Toten fast erreicht worden war. 27 Millionen Sowjetbürger verloren ihr Leben – 11,5 Millionen Rotarmisten, 3,5 Millionen Kriegsgefangene, 2,5 Millionen Juden und 9,5 Millionen andere Zivilisten. Allein diese Opferzahlen von nur einem einzigen Frontabschnitt rechtfertigen es, diesen Krieg als das – neben dem Holocaust – barbarischste Kapitel der deutschen und österreichischen Geschichte zu bezeichnen. Insofern war die Feststellung von Luis Raffeiner, er habe sich nach seiner Heimkehr „nicht mehr als Mensch, schon gar nicht als ein zivilisierter" gefühlt, ein der Lage entsprechendes Bekenntnis. Es war in seiner Ehrlichkeit auch ein seltenes Bekenntnis.[69]
Schon 1945 hatten fünf hochrangige deutsche Generäle das Bild einer in Gehorsam und Pflichterfüllung anständig gebliebenen Wehrmacht entworfen, das fünfzig Jahre Bestand haben sollte. In ihrer Denkschrift für den Nürnberger Prozess hatten die Militärs festgestellt, dass das Verhältnis der Truppe zur Partei wie zu Hitler stets kühl und distanziert gewesen sei, dass man vor dem Krieg die Judenverfolgung als unwürdig abgelehnt, im Krieg aber weder Einfluss darauf gehabt noch überhaupt davon erfahren habe und dass die Generalität den Krieg gegen die Sowjetunion als einen dem deutschen Volk aufgezwungenen Präventivkrieg akzeptiert, aber Hitlers Plan, dort einen Rassen- und Vernichtungskrieg zu führen, abgelehnt habe.[70]

Diese Legende von der „sauberen Wehrmacht" wurde zum Modell:
So wie die 19 Millionen Angehörigen der Wehrmacht in selbstloser
Hingabe ihre Pflicht für Volk und Vaterland erfüllt und dabei ihren
Ehrenschild unbefleckt gehalten hatten, so waren Millionen in der
Heimat ihrer Arbeit nachgegangen, hatten die Leiden des Krieges
ertragen und dem Bombenterror der Alliierten getrotzt. Im Be-
schweigen und Verleugnen der allen bekannten Verbrechen bei
gleichzeitigem Umdeuten der eigenen Geschichte gelang es Millionen Deutschen im Westen nach 1945, sich eine neue Identität zu
schaffen, die den moralischen Normen der Gegenwart entsprach
und ein positives Selbstbild garantierte. Dieser Prozess der Selbst-
Entnazifizierung konnte nur gelingen, weil er durch Konrad Ade-
nauers Politik der Integration der meisten Funktionsträger des
Dritten Reiches in die neue Bundesrepublik gestützt wurde und
durch den neuen Frontenverlauf des Kalten Krieges scheinbar eine
späte Rechtfertigung erhielt.[71]
Eine ähnliche Immunisierung der kollektiven Erinnerung gegen
die Wirklichkeit des Vernichtungskrieges erfolgte – in unterschied-
licher Form und mit anderen Akteuren – in der wiedererstandenen
Republik Österreich. Hier wurde der 1938 von der überwältigen-
den Mehrheit der Bevölkerung begeistert vollzogene Eintritt in die
großdeutsche Geschichte nachträglich zu einem Akt der militärischen Besetzung umgedeutet und Österreich „zum ersten Opfer"
Nazideutschlands erklärt. Entsprechend galt auch für die österreichischen Angehörigen der Wehrmacht, sie seien „unfreiwillig in
fremde Uniformen gepresst" und zu einem Krieg gezwungen worden, „den kein Österreicher jemals gewollt hat".[72]
Diese Lebenslüge einer ganzen Generation wurde durch die Ausstellung „Vernichtungskrieg. Verbrechen der Wehrmacht 1941 bis
1944", die von 1995 bis 1999 in 34 Städten Deutschlands und
Österreichs gezeigt und von fast einer Million Menschen gesehen
wurde, öffentlich infrage gestellt und nachhaltig zerstört.[73] Während

sich viele ehemalige Soldaten, deren Erinnerungen nach dem Krieg keiner hatte hören wollen, wie befreit zu Wort meldeten und die in der Ausstellung gezeigten Verbrechen bestätigten, wehrte sich die Mehrheit ihrer Kameraden empört gegen die Fakten: Sie verteidigten das geschönte Bild, in einer anständigen Truppe gedient zu haben, und leugneten, je etwas von den Verbrechen gewusst oder gar daran beteiligt gewesen zu sein. Viele verteidigten noch immer den Krieg, der Deutschland aufgezwungen worden sei, und beharrten in aggressiver Kehrtwendung auf den Verbrechen der anderen – den „Gräueln" der Russen an der Front und in der Gefangenschaft, den „Terrorbombardements" der Engländer und Amerikaner.[74]

Aber auch alle diese lautstarken Einsprüche der Gegner der Ausstellung, die von den Demonstrationen und Bombenanschlägen der Neonazis verstärkt wurden, trugen dazu bei, das jahrzehntelange Schweigen endlich zu brechen. Und sie verrieten, wenn man genau hinhörte, wie groß die Verzweiflung war, die sich darunter verbarg. Die Journalistin Renate Schostack hatte sich in München, wo die Polarisierung ihren Höhepunkt erreicht hatte, öfter unter die Ansammlung der Gegner gemischt, die sich wochenlang jeden Morgen auf dem Marienplatz gegenüber dem Ort der Ausstellung bildete, und dem Selbstgespräch der alten Männer gelauscht: „Fast immer verlief das nach dem gleichen Muster. Der Sprechende wies auf sich oder zeigte ein Foto: Sehe ich, sieht mein Bruder aus wie ein Verbrecher? Sie erwarteten die Antwort: Nein, Sie sehen nicht aus wie ein Verbrecher. Dann erzählten sie rasch von Gräueln, von denen sie gehört oder im Fernsehen gesehen hätten, um sogleich hinzuzusetzen: So etwas haben wir damals nicht gemacht. Danach der dritte Schritt: Wir mussten es ja tun. Man hätte Beichtvater sein müssen, um zu fragen, was sie denn gemacht hätten. Doch niemand nahm diesen Männern die Beichte ab."[75]

Der Grund dafür war, dass sie noch nicht einmal den ersten Schritt auf dem vorgeschriebenen Weg dieses Rituals getan hatten, den

der Gewissenserforschung. Sie waren offensichtlich noch immer
Gefangene jenes diabolischen Propagandamanövers, mit dem es
Hitler gelungen war, die Angehörigen der Wehrmacht glauben zu
machen, sie führten einen „gerechten Krieg". Diese manipulierte
Wahrnehmung hatte verhindert, dass die Soldaten das alltägliche
Morden an den Kriegsgefangenen, den Juden und anderen Zivilisten überhaupt als Verbrechen wahrnehmen und für die Opfer Mitleid empfinden konnten. Und als nach dem Krieg die ehemaligen
Soldaten aufgrund von spektakulären Prozessen gegen Nazitäter,
durch Fernsehfilme und Bücher über die Schicksale der Opfer oder
angestoßen durch die öffentlichen Debatten über Schuld und Verantwortung eine Chance gehabt hätten, sich von der Verblendung
zu befreien, siegte bei den meisten der Trotz über die Scham.
Friedrich Nietzsche hat dieses auch aus alltäglicheren Situationen
bekannte Seelendrama so skizziert: „,Das habe ich getan', sagt
mein Gedächtnis. ,Das kann ich nicht getan haben', sagt mein Stolz
und bleibt unerbittlich. Endlich – gibt das Gedächtnis nach."[76]
Raffeiner war als Südtiroler, anders als seine deutschen Kameraden, den Einflüssen der Propaganda des Dritten Reiches von 1933
bis 1939 nicht ausgesetzt gewesen, aber er war auch den Kriegspa-
rolen der Wehrmacht vom „russischen Untermenschen", von den
„wie Tiere" kämpfenden Rotarmisten, von der „verhetzten, feindlichen Zivilbevölkerung" und von den Juden als den „Todfeinden des
deutschen Volkes" nicht erlegen. Nirgends in seinen Erinnerungen
findet sich ein Niederschlag dieses rassistischen Denkens, auch
nicht im totalen Ausgesetztsein der eigenen Gefangenschaft.[77] Sein
Leben im Lager war bedroht von einem gefangenen Deutschen, einem früheren Zahlmeister und jetzigen Aufseher. Gerettet aber hatte
ihn vor diesem Peiniger, der ihm wie der Wiedergänger des sadisti-
schen Knechts auf dem Mittereggerhof im Schnalstal vorgekommen
sein muss, und der Fortsetzung der auf die Dauer tödlichen Gefangenschaft eine russische Oberärztin. Auch den Parolen vom „ge-

rechten Krieg" und dem sicheren „Endsieg" hat Raffeiner nicht geglaubt: Er wusste auch „als kleiner Mann" schon nach der Katastrophe im Winter 1941, dass der Krieg verloren war. (97) Und dass er barbarisch war, hatte er vom ersten Kriegstag an erlebt. Überall begegnete er Maßnahmen, die mit einem normalen Waffengang und soldatischem Handwerk nichts zu tun hatten. Als er sah, wie die Juden bei der Zwangsarbeit drangsaliert wurden, ließ auch er sich von einem Juden eine Handreichung machen und schenkte ihm ein Brot. „Ich konnte die Situation nicht ändern, nur im persönlichen Umgang war es mir möglich, ein wenig Menschlichkeit zu zeigen. Der Ausdruck seiner Dankbarkeit ging mir bis in Seele." (65) Als er zwei Monate später den Gefangenenkolonnen aus dem Kessel von Uman begegnete und einer der Marschierenden auf seinen Panzer zurannte, um Brot zu erbetteln, realisierte Raffeiner erstmals die Grenzen, die ihm gesetzt waren: Einer seiner Kameraden richtete drohend seine Pistole auf den Hungernden. „Geschossen hat er nicht", notiert er, aber dem Bittenden einen Laib Brot zuzuwerfen, war schon nicht mehr möglich. (69) Im Ghetto von Minsk musste er dann feststellen, dass Menschlichkeit nur noch darin bestand, die den Tod erwartenden Juden zu trösten, indem man sie belog. Es half auch nichts, wenn man sich weigerte, ein Verbrechen zu begehen und gefangene Rotarmisten zu erschießen: Ein Kamerad war sofort zur Stelle, um den Auftrag zu übernehmen. Der Mordvorgang war zwar kurz unterbrochen, aber nicht aufgehalten worden. Und als er, mittlerweile schon abgestumpft, mit seinem Trupp den Dorfbewohnern ihre letzten Lebensmittel raubte oder beim Rückzug vor Moskau bei 40 Grad Kälte ihre Hütten abbrannte, gab es bei ihm, der als Kind jeden Tag dem Hunger begegnet war und das Trauma des Brandes von Karthaus mit seinen furchtbaren Folgen erlebt hatte, nur noch ein inneres Zusammenzucken und die wortreich begründete Kapitulation vor dem „Gesetz des Krieges": ich oder du.

Die Erinnerungen von Luis Raffeiner betreiben eine radikale Gewissenserforschung. Das unterscheidet ihn von den alten Soldaten auf dem Marienplatz in München. Aber seiner Gewissenserforschung fehlt etwas Entscheidendes – das „mea culpa, mea maxima culpa", das explizite Eingeständnis der eigenen Schuld. Es gibt nur Sätze, die in diese Richtung verweisen, aber zugleich das Ich verhüllen. Man sei „kein Mensch mehr gewesen", diese Feststellung auf dem Höhepunkt der Katastrophe nach Moskau bzw. in der anschließenden Winterstellung oder das fast gleichlautende Eingeständnis bei der Krise des Übergangs vom Kriegs- in das Zivilleben nach 1945, man sei „kein zivilisierter Mensch mehr", sind solche Sätze. Auch die Begründung für seine Maxime, sich beim Zusammenbruch der Front und der Auflösung der Truppe unter allen Umständen von den Amerikanern gefangen nehmen zu lassen, gehört in diesen Zusammenhang: „Wenn die Russen uns das heimzahlen würden, was wir ihnen angetan hatten, dann gnade uns Gott." (148) Man kann darin die Ahnung vom üblichen Kreislauf der Rache erblicken: wie du mir, so ich dir. Es ist aber in dem Satz mit der abschließenden Fürbitte um Gottes Gnade auch das Wissen enthalten, dass man sich an den Menschen in Russland versündigt habe. Raffeiner formuliert hier zum ersten Mal ein implizites Bekenntnis der Schuld und eine grundlose Hoffnung auf das Ausbleiben der Strafe.

Zwei aus Nazideutschland bzw. Naziösterreich Vertriebene, der Heidelberger Philosoph Karl Jaspers und der als Hans Meyer in Wien geborene und später unter neuem Namen schreibende jüdische Essayist Jean Améry, haben sich unmittelbar nach dem Krieg mit dem Thema der Schuld ihrer Landsleute im Dritten Reich befasst. Jaspers hat drei Formen unterschieden – die kriminelle Schuld, die aus nachweisbarem ungesetzlichen Handeln resultiert und vor Gericht abgeurteilt wird, die politische Schuld, die aus der politischen Haftung jedes Bürgers für die Handlungen des Staates folgt, in dem er lebt, und die moralische Schuld, die sich aus der

Verantwortung für alle meine Handlungen ergibt, gleich, ob sie aus eigenem Willen oder auf fremden Befehl erfolgt sind.[78] Jean Améry, der als Jude und Mitglied der Résistance verfolgt worden war und vier KZ, darunter Auschwitz, überlebt hatte, vertrat die These von der „Kollektivschuld" der Deutschen. Er meinte damit keinen Sachverhalt im engen juristischen Sinne, sondern wollte den Begriff als „eine vage statistische Aussage" verstanden wissen: Kollektivschuld bedeutete „die objektiv manifest gewordene *Summe* individuellen Schuldverhaltens" der Deutschen und Österreicher. Um die komplexe Struktur dieser Gesamtschuld anzudeuten, nannte er als Beispiele für deren Summanden „die Tatschuld, die Unterlassungsschuld, die Redeschuld, die Schweigeschuld".[79] Diese bewusst unabgeschlossene Reihung legt nahe, dass es damals zahlreiche weitere Schuldvarianten gegeben hat – das feige Wegsehen oder das voyeuristische Hinsehen, die mit bequemen Ausreden zustande gekommene Billigung oder die aus tiefer Überzeugung erfolgte Rechtfertigung.

Folgt man diesem Koordinatensystem von Jaspers und Améry, dürfte es in Bezug auf Kollektive wie das deutsche und österreichische Volk in der Nazizeit oder die Wehrmacht im Vernichtungskrieg angemessen sein, von einer Gesamtschuld zu sprechen. Bei der Individualschuld ist aber, abgesehen vom Fall krimineller und daher gerichtsnotorischer Vergehen, nur das jeweilige Individuum der eigene Richter: Nur man selbst kann beurteilen, ob und wie und in welchem Ausmaß man schuldig geworden ist. Raffeiners Bericht über seine Zeit im Krieg betreibt eine Gewissenserforschung, der kein Schuldbekenntnis folgt. Der Grund dafür liegt in einem Problem, vor dem seine ganze Generation kapituliert hat: Durch das übermächtige und mit der Dauer des Krieges zunehmende Gefühl, der Gefangene dieses Krieges zu sein, hat sich die Vorstellung der grundsätzlich immer gegebenen Freiheit moralischer Entscheidungen und Beurteilungen verdunkelt und dann verflüchtigt. Die Generation der Krieger war mit diesem inneren Konflikt überfordert und allein gelassen. Sie hat als einzigen Ausweg gewählt, den Phantomschmerz des blockierten Gewissens einzukapseln und so für sich selbst und die anderen unkenntlich zu machen.[80] Raffeiners Erinnerungsbericht geht einen anderen Weg. Er ist ein Zeugnis, wie es wenige gibt, weil er auf die Verletzungen hinweist, die diese Generation sich in diesem verbrecherischen Krieg selber zugefügt hat und die ihr damals zugefügt worden sind. Und er gibt Kunde von der lebenslangen Dauer dieses Schmerzes. Der Schmerz, der in diesen Erinnerungen pocht, ist, um im Bild der Beichte zu bleiben, die individuelle Buße für die bis heute ungesühnten und nie zu sühnenden Verbrechen, die damals begangen wurden.

Eine der bewegendsten Installationen des Künstlers Joseph Beuys zeigt einen kahlen Raum, der an die Pathologie einer Klinik erinnert, eine trostlose Totenkammer, nicht für einen König, sondern für einen Bauern bestimmt: Zu sehen sind zwei eng aneinander gerückte, vom jahrzehntelangen Gebrauch abgenutzte Leichenbahren auf Rädern, darunter zwei geöffnete Metallkästen mit ranzigem Fett, rechts und links an die Wände gelehnt zwei Paare verbrauchter und ausgemusterter Forken und Schäleisen. Auf zwei Schiefertafeln, wie sie früher jeder Schüler benutzte, kann man den Titel der Installation lesen: „Zeige deine Wunde".[81] Luis Raffeiner ist mit seinen verstörenden Erinnerungen diesem Imperativ gefolgt. Er hat, über seine ganz persönliche Lebensbilanz hinaus, dazu beigetragen, dass der Zivilisationsbruch dieses Krieges und seine verheerenden Folgen nicht vergessen werden. Das ist wichtig, weil sich sonst das ereignen wird, was Karl Kraus mit Blick auf den Ersten Weltkrieg prophezeit hatte: „Alles, was gestern war, wird man vergessen haben, was heute ist, nicht sehen, was morgen kommt, nicht fürchten. Man wird vergessen haben, dass man den Krieg verloren, dass man ihn begonnen, vergessen, dass man ihn geführt hat. Darum wird er nicht aufhören."[82]

Anmerkungen

1 Brief vom 9.10.1773, in: Reinhold Koser/Hans Droysen (Hg.): Briefwechsel Friedrichs des Großen mit Voltaire. Dritter Teil: Briefwechsel König Friedrichs 1753–1778, Leipzig 1911, S. 275 f.

2 Thilo Vogelsang, Neue Dokumente zur Geschichte der Reichswehr 1930–1933, in: Vierteljahreshefte für Zeitgeschichte, 2 (1954), S. 397–436, hier S. 434 f.

3 Adolf Hitler, Mein Kampf, 613.–617. Aufl., München 1941, 739 ff., 750 ff., 358 f., 195 f.

4 Besprechung beim General zbV Müller in Warschau am 11.6.1941, zit. Gerd R. Ueberschär/Wolfram Wette (Hg.), Der deutsche Überfall auf die Sowjetunion. „Unternehmen Barbarossa" 1941, Frankfurt/M. 1991, S. 283 f.

5 Richtlinien für die Behandlung politischer Kommissare, 6.6.1941, ebenda, S. 259.

6 Bestimmungen über Kriegsgefangenenwesen im Fall Barbarossa, 16.6.1941 und Anordnungen über die Behandlung sowjetischer Kr.Gef. in allen Kriegsgefangenenlagern, 8.9.1941, ebenda, S. 261, 297 ff.

7 Erlass über die Ausübung der Kriegsgerichtsbarkeit im Gebiet „Barbarossa" und über besondere Maßnahmen der Truppe, 13.3.1941, ebenda, S. 252 f.

8 Richtlinien für das Verhalten der Truppe in Russland, 19.5.1941, ebenda, S. 258.

9 Aktennotiz über eine Besprechung der Staatssekretäre der Reichsregierung, 2.5.1941, ebenda, S. 323.

10 Befehl des Oberbefehlshaber des Heeres über die Zusammenarbeit mit der Sicherheitspolizei und dem SD für den vorgesehenen Ostkrieg, 28.4.1941, ebenda, S. 249 f.

11 Hannes Heer, Taten ohne Täter. Das Institut für Zeitgeschichte rettet die Wehrmacht, in: „Hitler war's". Die Befreiung der Deutschen von ihrer Vergangenheit, Berlin 2005, S. 237–291, hier S. 251 ff.

12 Isabel Heinemann/Willi Oberkrome/Sabine Schleiermacher/Patrick Wagner, Wissenschaft. Planung. Vertreibung. Der Generalplan Ost der Nationalsozialisten. Katalog zur Ausstellung der Deutschen Forschungsgemeinschaft, Bonn, Berlin 2006, S. 23.

13 Hitler, Mein Kampf, S. 197 und 199.

14 Zit. Ueberschär/Wette, Der deutsche Überfall, S. 259.

15 Aufzeichnung Mylius (AOK 16/Qu 2), Besprechung beim Generalquartiermeister am 16.5.1941, Bundesarchiv-Militärarchiv Freiburg [BA-MA] RH 20-16/1012; Zit. Ueberschär/Wette, Der deutsche Überfall, S. 283.

16 Martin Schröter, Held oder Mörder. Bilanz eines Soldaten Adolf Hitlers, Wuppertal 1991, S. 76.

17 [Ulrich Braeker] Das Leben und die Abentheuer des Armen Mannes im Tockenburg. Von ihm selbst erzählt, (Zürich 1789) Berlin 1910, S. 136.

18 Ernst Klink, Der Krieg gegen die Sowjetunion bis zur Jahreswende 1941/42, Die Operationsführung. Heer und Kriegmarine, in: Militärgeschichtliches Forschungsamt (Hg.), Das Deutsche Reich und der Zweite Weltkrieg, Bd. 4, (im Folgenden: DRZW), Stuttgart 1983, S. 451–651, hier 470–516.

19 Ebenda, S. 485

20 Zum generellen Unterstellungsverhältnis der Einheit unter das IV. Armeekorps vom 22.6. bis 14.7.1941, vgl. http://www.axishistory.com/index.php?id=9184

(15.6.2010); zum Marschweg der 243. Abteilung vgl. Florian Freiherr von und zu Aufsess, „Sturmgeschütze ... marsch!" Die Einsatzwege der Sturmgeschütz Abteilungen und Brigaden 1940–1945, Schwabach 2007, Selbstverlag, S. 139; zum Weg der drei Batterien, darunter Raffeiners 2. Batterie, vgl. Geschichte der Sturmgeschütz-Abteilung 243, S. 3; ich danke Florian von Aufsess dafür, dass ich den 8 Seiten umfassenden Erinnerungsbericht einsehen durfte.

21 Zum IV. Korps gehörten in den ersten vier Kriegswochen für kürzere oder längere Zeit die 24., 71., 97., 125., 295., 296. und die 297. Infanteriedivision (ID); den Weg begleiteten oder kreuzten die zum XIV. motorisierten Korps gehörende 9. Panzerdivision und die Waffen-SS-Division „Wiking" sowie die zum XXXXIX. Gebirgskorps gehörende 4. Gebirgsdivision, vgl. DRZW, S. 474 f.; in der Geschichte der Abteilung 243 werden als Einheiten, mit denen die 2. und 3. Batterie gemeinsam kämpften, nur die 24., die 97., die 125. ID und die 4. Geb.Div. genannt, ebenda, S. 3.

22 Zum Unterstellungsverhältnis ab dem 19.7.1941 vgl. http://www.axishistory.com/ index.php?id=9184 (15.6.2010); zu diesem Korps gehörten zu diesem Zeitpunkt die 125. und die 99. ID, die 1. und 4. Geb.Div. sowie eine slowakische Brigade, vgl. DRZW, S.475.

23 Geschichte der Sturmgeschütz-Abteilung 243, S. 3.

24 Berditschew war am 7.7., Schitomir am 9.7.1941 erobert worden, DRZW, S. 478.

25 Hamburger Institut für Sozialforschung (Hg.), Vernichtungskrieg. Verbrechen der Wehrmacht 1941 bis 1944. Ausstellungskatalog, Hamburg (1996) 1999, S. 183–186.

26 Das könnten die auf der Straße von Lemberg nach Tarnopol von der SS-Division „Wiking" vorgenommenen wilden Erschießungen gewesen sein, die vom IV. AK Anfang Juli öfter gemeldet wurden: AOK 17/Chef Generalstab, Fernmündlich an Ia [Abteilung] IV. AK, 3.7.1941, BA-MA RH 20-17/46 und Morgenmeldung des IV. AK, 5. 7.1941, BA-MA RH 20-17/277; denkbar sind aber auch die wegen „Sabotage" oder zur „Vergeltung" vorgenommenen Erschießungen von Juden durch Wehrmachtseinheiten, vgl. Bernd Boll/Hans Safrian, Auf dem Weg nach Stalingrad. Die 6. Armee 1941/42, in: Hannes Heer/Klaus Naumann (Hg.), Vernichtungskrieg. Verbrechen der Wehrmacht 1941 bis 1944, Hamburg 1995, S. 260–296, hier S. 266 ff.; vgl. auch die Augenzeugenberichte von Überlebenden aus den ersten Tagen der Besetzung ukrainischer Dörfer und Städte: Wassili Grossmann/Ilja Ehrenburg (Hg.), Das Schwarzbuch. Der Genozid an den sowjetischen Juden, Reinbek bei Hamburg 1994, S. 59–61 (Berditschew), 86 (Jaryschew), 94 (Brailow), 112 (Dnepropetrowsk).

27 Vgl. Boll/Safrian, Auf dem Weg nach Stalingrad, S. 266 ff., 281 ff.

28 Christian Streit, Keine Kameraden. Die Wehrmacht und die sowjetischen Kriegsgefangenen 1941–1945, Stuttgart 1978, S. 137–162, hier S. 152 ff.

29 Elke Fröhlich (Hg.), Die Tagebücher von Joseph Goebbels. Sämtliche Fragmente, Bd. I/4: 1.1.1940–8.7.1941, München 1987, Einträge 5.–8.7.1941, S. 736 ff.

30 Vgl. Hannes Heer, Einübung in den Holocaust. Lemberg Juni/Juli 1941, in: Zeitschrift für Geschichtswissenschaft (ZfG), Jg. 49, Heft 5, 2001, S. 409–427; Bernd Boll, Zloczow, Juli 1941: Die Wehrmacht und der Beginn des Holocaust in Galizien, in: ZfG, Jg. 50, Heft 10, 2002, S. 899–917.

31 Kriegstagebuch der 1. Geb.Div, 16. 7. 1941, BA-MA RH 28-1/20; Winniza wurde nach dreitägigem Kampf von Einheiten der 4. Geb.Div. mit Unterstützung der 1. Geb.Div. eingenommen, Kriegstagebuch der 4. Geb.Div, 20.7.1941, BA-MA RH 28-4/7; Hubert Lanz, Gebirgsjäger. Die 1. Gebirgsdivision 1935–1945, Bad Nauheim 1954, S. 140 ff.

32 Bogdan Musial, „Konterrevolutionäre Elemente sind zu erschießen". Die Brutalisierung des deutsch-sowjetischen Krieges im Sommer 1941, Berlin 2000.

33 Es handelte sich dabei um die Sonderkommandos 4b und möglicherweise auch 4a der Einsatzgruppe C, vgl. Helmut Krausnick, Hitlers Einsatzgruppen. Die Truppen des Weltanschauungskrieges 1938–1942, Frankfurt/M. 1985, S. 163 ff.

34 Vgl. Oliver Rathkolb (Hg.), NS-Zwangsarbeit: Der Standort Linz der „Reichswerke Hermann Göring AG", Berlin 1938–1945, Wien, Köln, Weimar 2001, Bd. 1, S. 142.

35 Ende Juli war ein Judenrat konstituiert worden, der schon in den ersten Tagen seines Bestehens vom SD erschossen worden war, Oberfeldkommandantur [Winniza] Abt. VII, Lagebericht zum Befehl vom 22.7.1941, 1.8.1941 und Lagebericht, 14.8.1941, OSOBI-Archiv Moskau, 1275-3-662; danach folgten weitere Exekutionen, die erst Ende August eingestellt wurden, Feldkommandantur 675 [Winniza], Abt. VII., Lagebericht, 31.8.1941, ebenda; am 22.9.1941 wurden dann die restlichen 28.000 Juden ermordet.

36 Heer, Einübung in den Holocaust, S. 417.

37 Die beiden Fotos tragen den später von seiner Tochter hinzugefügten Kommentar „Bei Winniza (Bahr?)" und vermerken als Datum der Aufnahmen „Ende Juni Anfangs Juli", was exakt dem Zeitpunkt entspricht, als die Leichen der Gefangenen in Lemberg gefunden wurden und die Judenerschießungen begannen.

38 In Zloczow wurde die 295. ID Zeuge der Mordaktionen der Einsatzkommandos, vgl. Boll, Zloczow, Juli 1941; in Zborow hatte die SS-Division „Wiking" Anfang Juli 600 Juden erschossen, vgl. Der Chef der Sicherheitspolizei und des SD: Ereignismeldungen UdSSR, Nr. 19, 11.7.1941, Bundesarchiv Berlin, R 58/214; in Tarnopol waren dieselbe Division, Milizen der OUN und das Sonderkommando 4 b tätig geworden, vgl. Hamburger Institut für Sozialforschung (Hg.) Verbrechen der Wehrmacht. Dimensionen des Vernichtungskrieges 1941–1944, Ausstellungskatalog, Hamburg 2002, S. 100–122.

39 Hannes Heer, Landschaft mit Kratern. Was ehemalige Wehrmachtssoldaten erzählen, in: Tote Zonen. Die deutsche Wehrmacht an der Ostfront, Hamburg 1999, S. 222–256; zur Arbeit und den Verlaufsformen der Erinnerung vgl. Aleida Assmann, Der lange Schatten der Vergangenheit. Erinnerungskultur und Geschichtspolitik, München 2006.

40 DRZW, S. 574–592.

41 Vgl. Aufsess, Sturmgeschütze, S. 139.

42 Geschichte der Sturmgeschütz-Abteilung 243, S. 4.

43 Der Feldkommandant, Anordnung, Minsk den 19.7.1941, abgedruckt in: Vernichtungskrieg, Ausstellungskatalog, S. 106; Christian Gerlach, Kalkulierte Morde. Die deutsche Wirtschafts- und Vernichtungspolitik in Weißrußland 1941 bis 1944, Hamburg 1999, S. 625.

44 Gerlach, Kalkulierte Morde, S. 624 f.

45 Alfred Gottwaldt/Diana Schulle, Die „Judendeportationen" aus dem Deutschen Reich 1941–1945, Wiesbaden 2005, S. 84–97.

46 Gerlach, Kalkulierte Morde, S. 704.

47 Streit, Keine Kameraden, S. 162–171, hier S. 171.

48 Heer, Taten ohne Täter, S. 237–291, hier S. 251 ff.

49 So eine Äußerung von General Alfred Jodl, dem Chefstrategen im Oberkommando der Wehrmacht, vom 28.11.1941 und dem rassepolitischen Referenten im Ostministerium Erhard Wetzel vom 27.4.1942, vgl. Streit, Keine Kameraden, S. 188.

50 DRZW, S. 592–612, hier S. 612.

51 Ebenda, S. 613–628.

52 Geschichte der Sturmgeschütz-Abteilung 243, S. 4.

53 Vgl. Aufsess, Sturmgeschütze, S. 139.

54 Vgl. Anm. 9.

55 DRZW, S. 615.

56 XXXXIII. Armeekorps, Befehl für die Übernahme des Abschnittes Kaluga, 24.12.1941, BA-MA RH 26-131/34.

57 Heer, Taten ohne Täter, S. 250 f.

58 Geschichte der Sturmgeschütz-Abteilung 243, S. 4.

59 Vgl. Anm. 7.

60 OKH/Gen zbV b ObdH, An die Befehlshaber der rückwärtigen Heeresgebiete Nord, Mitte, Süd, Betr: Behandlung feindlicher Zivilpersonen und russischer Kriegsgefangener im rückwärtigen Heeresgebiet, 25.7.1941, BA-MA RH 22/271.

61 Befehlshaber rückwärtiges Heeresgebiet Mitte, 1.3.1941, BA-MA RH 22/230.

62 Klaus Schönherr, Die Kämpfe um Galizien und die Beskiden, in: Militärgeschichtliches Forschungsamt (Hg.), Das Deutsche Reich und der Zweite Weltkrieg, Bd. 8, München 2007, S. 679–730, hier S. 719–728.

63 Wolfgang Venohr, Aufstand in der Tatra. Der Kampf um die Slowakei 1939–1945, Königstein/Taunus 1979; Michael Frank, Vergessene Helden, in: Datum 06/04, Seiten der Zeit, www.datum.at

64 Aufsess, Sturmgeschütze, S. 192 f. und 204 f.

65 Ebenda, S. 198.

66 Ebenda, S. 140 f.

67 Ebenda, S. 167 f.; die 152. Panzerjägerabteilung war aus der 270. Sturmgeschützabteilung gebildet worden, kämpfte seit 9.8.1944 unter diesem Namen und war der 1. Skijägerdivision unterstellt.

68 Victor Klemperer, Ich will Zeugnis ablegen bis zum letzten. Tagebücher 1933–1945, hrsg. von Walter Nowojski, 2 Bde, Berlin 1995, Bd. 2, S. 684.

69 Zur Singularität solcher Erinnerungen vgl. Hannes Heer, „Und dann kamen wir nach Russland ...". Junge Soldaten im Krieg gegen die Sowjetunion, in: Ulrich Herrmann/Rolf-Dieter Müller (Hg.), Junge Soldaten im Zweiten Weltkrieg. Kriegserfahrungen als Lebenserfahrungen, Weinheim und München 2010, S. 137–165.

70 Vgl. Manfred Messerschmidt, Vorwärtsverteidigung. Die „Denkschrift der Generäle" für den Nürnberger Gerichtshof, in: Heer/Naumann, Vernichtungskrieg, S. 531–550.

71 Vgl. Hannes Heer, Vom Verschwinden der Täter. Der Vernichtungskrieg fand statt, aber keiner war dabei, Berlin 2004; in Deutschland/Ost erfolgte mit der Legende des „Antifaschismus" eine andere Variante, die hier lebenden Deutschen freizu-

sprechen und eine wirkliche Aufklärung der Wehrmachtsverbrechen zu verhindern.

72 Präambel zur Unabhängigkeitserklärung der Republik Österreich vom 27.4.1945, zit. Walter Manoschek, Österreichische Opfer oder großdeutsche Krieger, in: Hamburger Institut für Sozialforschung (Hg.), Eine Ausstellung und ihre Folgen. Zur Rezeption der Ausstellung „Vernichtungskrieg. Verbrechen der Wehrmacht 1941 bis 1944", Hamburg 1999, S. 87–111, hier S. 92; Heidemarie Uhl, Das „erste Opfer". Der österreichische Opfermythos und seine Transformation in der Zweiten Republik, in: Österreichische Zeitschrift für Politikwissenschaft, 2001, Heft 1, S. 19–34.

73 Zur Geschichte der Ausstellung vgl. Hamburger Institut für Sozialforschung, Eine Ausstellung und ihre Folgen, Hamburg 1999; Hannes Heer, Die letzte Schlacht der alten Soldaten. Wie die Ausstellung über den „Vernichtungskrieg" der Wehrmacht in den 90er-Jahren das Land spaltete, in: Hanns-Bruno Kammertöns/ Matthias Naß (Hg.), Mein Deutschland. Eine andere Geschichte der Bundesrepublik, Reinbek bei Hamburg 2009, S. 104–110.

74 Hannes Heer, „Es trägt sich weiter durch die Generationen." Krieg und Nazizeit in den Erzählungen der Besucher der Wehrmachtsausstellung 1995 in Wien, in: Vom Verschwinden der Täter, S. 198–248.

75 Frankfurter Allgemeine Zeitung, 8.4.1997.

76 Friedrich Nietzsche, Jenseits von Gut und Böse. Vorspiel einer Philosophie der Zukunft, in: Werke in drei Bänden, hrsg. von Karl Schlechte, München 1954–1956, Bd. 2, S. 625.

77 Ähnlich unvoreingenommen und gerecht hat sich einer der renommiertesten deutschen Historiker, Reinhart Koselleck, über seine Gefangenschaft bei den Russen geäußert: „Sie haben uns nicht schlechter behandelt als sich selbst. Nur waren sie physisch einfach viel widerstandsfähiger als wir", zit. in: Eric Hobsbawm, Gefährliche Zeiten. Ein Leben im 20. Jahrhundert, München 2006, S. 210.

78 Karl Jaspers, Die Schuldfrage. Für Völkermord gibt es keine Verjährung, München 1979, S. 23 f.

79 Jean Améry, Jenseits von Schuld und Sühne, Stuttgart 1980, S. 117.

80 Typisch dafür ist der Bericht eines Offiziers der Sturmgeschützbrigade 244 von der Ostfront, in denen keines der von Raffeiner erinnerten Verbrechen auftaucht, vgl. Glaube und Irrweg. Die Erinnerungen des Werner Gösel, hrsg. von Florian Freiherr von und zu Aufsess/Christian Bauermeister, Nürnberg 2010.

81 Joseph Beuys, Skulpturen und Objekte, hrsg. von Heiner Bastian, München 1988, S. 278–281.

82 Karl Kraus, Die letzten Tage der Menschheit, Zürich 1945, S. 655.

Inhalt

In Gesprächen mit Söhnen, Töchtern und Enkeln von Angehörigen der Waffen-SS werden die Verletzungen, die Ambivalenzen der Gefühle, die Erfahrungen mit Gewalt und die noch immer aktuellen Spuren der Geschichte sichtbar. Unsicherheit und Zerrissenheit bestimmen die Sicht auf die SS-Männer: Gab es eine direkte Beteiligung an Gräueltaten? Und wie lässt sich dies in Einklang bringen mit dem Vater oder Großvater?

Immer wieder geht es um Ambivalenz: Liebe zum Vater und Großvater, Abgestoßen-Sein von der SS-Geschichte. **Stephan Löwenstein, FAZ**

Thomas Casagrande
Schatten. Unsere Väter in der Waffen-SS
ISBN 978-88-7283-923-2
Euro 26,00 [I]; 29,00 [D/A]

RÆTIA

In schlichten, aber eindringlichen Worten erzählt Franz Thaler von
den schlimmsten Jahren seines Lebens: 1944 widersetzt er
sich dem Befehl zum Einrücken in die Hitler-Armee und flüchtet
in die Berge. Als seiner Familie die Sippenhaft droht, stellt er sich.
Sein Leidensweg führt ihn bis ins Konzentrationslager Dachau.
Zwanzigjährig kommt er im August 1945 – seelisch und körperlich
gebrochen – wieder nach Hause.

Franz Thaler
Unvergessen
Broschur | 260 Seiten
ISBN 978-88-7283-128-1
Euro 17,90

RÆTIA